Michael Winteroll

Berlin – Richtung Süden

Der Reisebegleiter

Berlin

Richtung Süden

von Michael Winteroll

Argon

Den Serviceteil stellte Hanne Bahra zusammen.
Die Tips in den Randspalten verweisen auf die entsprechenden Seitenzahlen im Serviceteil.

Redaktionsschluß: 10. Februar 1997

Bildnachweis:
Bob Bahra S. 71
Fotostudio Böttcher S. 32, 39, 41, 44, 53, 57, 64, 67, 73, 81
Harald Hirsch S. 27, 47
Thomas Kläber S. 89
Wolfgang Reinke S. 11, 13, 17, 24, 28, 79, 85
Ingo Scheffler S. 19, 37
Günter Schneider S. 77, 93, 99, 103, 111, 122, 124, 127, 129

Umschlagfoto: Bad Saarow, Jachthafen am Scharmützelsee;
Fotostudio Böttcher, Potsdam
Karte: Kira Enss, Berlin
Satz und Repro: LVD GmbH, Berlin
Druck und Bindung: Clausen & Bosse, Leck

ISBN 3-87024-368-6

Inhaltsverzeichnis

Einleitung

»Chausseen, Chausseen …« hat der Lyriker Peter Huchel (1903–1981) einen Gedichtband überschrieben, der aus der Landschaft südlich Berlins seine Bilder schöpft. Und genau das war es, was die Westler zu sehen bekamen, als die Mauer aufging: Chausseen, Chausseen. Die gibt es immer noch. Befürchtungen aus dem Vorwort zur ersten Auflage, unser Autofetischismus würde ihnen zugunsten leitplankengesäumter Pisten den Garaus machen, haben sich glücklicherweise nicht bewahrheitet.

Die Wohltat, aus heißer Sonne in den kühlen Schatten der Eichen-, Kastanien- oder Platanenriesen tauchen zu dürfen, empfindet jeder dankbar, der an Sommertagen hier unterwegs ist. Dort, wo die Chausseen enden, finden wir Dinge, die wir dringend brauchen: Ruhe, den weiten Blick über unzersiedeltes Land, tiefe Wälder zum Spazierengehen, Bäche, Flüsse und Seen. Und dem Touristen begegnet auch vieles, was er sich nicht so ohne weiteres erklären kann, worüber er gern mehr wüßte: Wie kommt das große Schloß in jene abgelegene Gegend, warum werden hinter Berlin manche Ortsschilder zweisprachig? Manches entzieht sich gar seinem Blick, weil er nichts davon weiß und daran vorbeifährt. Hier möchten wir Ihr Reisebegleiter sein.

Der **Süden Brandenburgs** ist historisch die interessanteste Ecke des Berliner Umlandes. Während im Norden Havelland, Prignitz oder Uckermark seit Jahrhunderten urbrandenburgisch waren und eine lange, kontinuierliche Geschichte aufweisen, prallten südlich Berlins Gegensätze aufeinander. Wer ein bißchen darüber weiß, kann das bis heute in Stadtbildern, Bauwerken und sogar Landschaften erkennen. Brandenburg-Preußen hat hier lange gebraucht, um seine Herrschaft durchzusetzen. Bis 1815 reichte Sachsen im Südwesten fast auf Sichtweite an die Residenzstadt Potsdam heran; das kleine Fläming-Städtchen **Dahme** war für einige Jahre sogar Residenz der Fürsten von Sachsen-Weißenfels. Politisch meist auf seiten der Verlierer, waren die sächsischen Staaten kulturelle Zentren in Deutschland. Wer über den Fläming zur Elbe fährt und in das Gartenreich des einst winzigen Fürstentums Anhalt-Dessau kommt, wird das auf überwältigende Weise gewahr. Er bewegt sich bei dieser Fahrt auf der **klassischen Verbindungslinie Berlins mit Deutschlands Mitte:** Kommunikative Hauptschlagader war bis zum Zweiten Weltkrieg die Ausfalllinie nach Südwesten. Am Stadtplan kann man das immer noch ablesen: Die dicken Stränge der Bahnen durchziehen Berlin in genau dieser Richtung. Im **Südosten** reichten fast auf S-Bahn-Entfernung die einstigen Grenzen des Markgrafentums Niederlausitz an Berlin heran, und die

Hauptorte dieses lange zu Böhmen gehörenden Gebildes, Luckau und Lübben, sind heute brandenburgische Kleinstädte. Einst begann hier eine Welt für sich. Die **Niederlausitz** war ein Ständestaat, mächtige Adelsfamilien hatten das Sagen, und höchstens die größeren Städte durften ein wenig mitreden. In vielen Dörfern sprach man Sorbisch. In den Städten gab es oft zwei Kirchen: eine deutsche und eine wendische. Der Landesherr war weit, er saß in Prag und ließ sich durch einen Niederlausitzer vertreten. Auch als das Land 1635 an Sachsen geriet, blieb die Selbstverwaltung unangetastet.

Der **Spreewald** läßt uns noch immer etwas vom Geheimnisvollen dieser ostmitteleuropäischen Kulturwelt ahnen, die sich einst aus Böhmen und Polen über Schlesien und die Oberlausitz bis vor die Tore Berlins erstreckte. Wer durch Brandenburg fahre, schrieb ich im Vorwort zur ersten Auflage, begebe sich auf eine Zeitreise; er begegne einem Deutschland, wie es zu Zeiten unserer Großeltern ausgesehen haben könnte, um die Jahrhundertwende, in den dreißiger Jahren oder gleich nach dem Krieg, und die Fünfziger schienen geradezu allgegenwärtig. Dabei erfahre man, hieß es weiter, daß die Vergangenheit weder pittoresk noch idyllisch war, sondern überwiegend unauffällig und grau. Vieles, was wir gern für DDR-typischen Verfall halten würden, sei bei näherem Hinsehen nur die nüchterne Sparsamkeit eines auf das Notwendige gerichteten armen Landes. So sah es der Wessi nach der Wende.

Jetzt, das erste Jahrzehnt nach Maueröffnung neigt sich dem Ende zu, stimmt das immer noch und stimmt doch nicht mehr ganz. Viele Dächer sind mit glänzenden Ziegeln neu gedeckt, die Fassaden sandgestrahlt, manches Baufällige wurde abgerissen, Holzfenster hat man durch solche aus Kunststoff ersetzt, desgleichen Haustüren, Garagentore, Gartenzäune durch die glatten Produkte aus den neu entstandenen Baumärkten am Stadtrand. Dabei tauschten Dörfer und Kleinstädte aber häufig gegen die Würde des natürlich Gealterten nur die Sterilität des billig Gemachten ein. Dazu kommt hier und da schon neuer Verfall, denn das Land beginnt sich zu leeren; Menschen ziehen weg, weil es keine Arbeit mehr gibt. Oft retten Städter die ländlichen Häuser vor dem Verfall, Rettung und Fluch zugleich: In den alten Bundesländern haben sich zu viele Orte längst in Ansammlungen von Zweitwohnsitzen gewandelt, die Woche über liegen sie da wie ausgestorben. Wo man Bau- und Kulturdenkmäler restauriert, tut man es oft mit westlichem Hang zur Perfektion. Ein herausgeputztes Herrenhaus wirkt dann im grauen Dorf wie vom Mond gefallen. Viel zu viele Ortschaften sieht man auch, die sich mit Bürgersteigen und Kitschlaternen gerieren, als seien sie Vororte von Bottrop oder Reutlingen.

An den Rändern der Städte wuchern die Hallen der Autohändler und die Supermärkte, in den Zentren mußte inzwischen mancher Privatladen, der 40 Jahre Sozialismus überstanden hatte, vor der Ladenkette aus dem Westen kapitulieren. Allgegenwärtig sind natürlich auch die Satellitenschüsseln, selbst an Baudenkmälern. Das alles gibt es inzwischen, trotzdem bekommt man immer auch noch anderes zu sehen: Bilder aus der alten Welt, als wir noch ohne Breitbandverkabelung auskamen und ohne Multimediacomputer, als Kindheit war und die Zeit ein dauerhafter Stoff zu sein schien.

Für eines übernimmt dieser Reisebegleiter jede Garantie: Auch zwischen den beschriebenen Punkten und außerhalb der gewürdigten Landstriche ist es schön. Und schon unmittelbar hinter der Stadtgrenze fängt das an. Flach, sandig und öde, wie es ein bis heute zählebiges Vorurteil wissen will, ist die Landschaft fast nie.

Von einem erfreulichen Punkt zu einem heiklen: **Essen kann man inzwischen überall,** gut dagegen selten. Meist bleibt es bei einem blassen Angebot von Durchschnittsgerichten. Der Grund ist eigentlich klar: Die Gäste sind überwiegend Einheimische, denen es in erster Linie auf einen günstigen Preis und eine gewisse Volkstümlichkeit ankommt: Ein deftiges »Bauernfrühstück« für weniger als zehn Mark wird man häufiger finden und ist damit oft besser bedient als mit hochgestochenen Gerichten aus aufgetauter Gefrierware.

Am ärgerlichsten für Ausflügler und völlig unverständlich ist die Unmöglichkeit, anständig Kaffee zu trinken; Torten und Kuchen stammen immer noch ganz überwiegend aus dem Großhandel, und wenn sie wirklich einmal frisch gebacken sind, dann bestimmt nach irgendeinem obskuren Rezept der Mangelküche, in der die Verwendung von Butter zum Beispiel verpönt zu sein scheint. Die Erwartung, hier auf dem Land frische Schlagsahne bester Qualität zu bekommen, ist völlig illusorisch, wo das Sprühgerät doch so praktisch ist. Grund auch hier: Die paar Wochenend-Touristen verlaufen sich in dem weiten Land, dafür lohnt sich der Aufwand nicht, die Einheimischen aber, 80 Prozent der Gäste, sind's anscheinend zufrieden.

Noch etwas: Ich glaube beobachtet zu haben, daß Wirt oder Wirtin zu oft anderweitig beschäftigt sind, als daß sie dafür sorgen könnten, daß der Gast sich wohlfühlt und sich nicht bloß abgefüttert vorkommt.

Unbefangene Freundlichkeit war, wenn man Fontane trauen darf, noch nie ein hervorstechender Zug von uns Berlinern und Märkern, und sie ist es heute vielleicht noch weniger. Selbst frisch gegründete Privatbetriebe schaffen es noch allzu häufig, einem den Eindruck zu vermitteln, man sei Zwangsnutzer einer »gastronomischen Einrichtung«. Harte Worte sicher, aber es ist niemandem damit geholfen, wenn ständig Rosen über den (ungenießbaren) Molch gedeckt werden: So ist mir noch nie eine brandenburgische Kellnerin begegnet, die ein Gericht, das angebrannt, halbroh oder kalt auf den Tisch gekommen war, ohne Protest zurückgenommen, auf der Rechnung gemindert oder gar nicht berechnet hätte, von einem echten Bedauern ganz zu schweigen. »Da hat sich noch nie jemand beschwert« ist ein beliebter Satz bei Reklamationen. Genug. **Viele Lokale liegen so traumhaft,** daß man über Mängel einfach hinweg auf die schöne Landschaft sieht.

Mit dem **Übernachten** ist es ähnlich wie mit der Küche. Selbst die Tourismusverbände beklagen die hohen Preise, dabei müßte es doch wie in anderen Gegenden Deutschlands Privatquartiere so um die 20 DM reichlich geben. Sie sind jedoch nicht häufig. Die Hotels, größtenteils nagelneue Nachwendebauten, haben meist am Ort keine Konkurrenz und glauben, entsprechende Preise nehmen zu müssen. So ist die merkwürdige Situation entstanden, daß man in manchen konkurrenzgeplagten Berliner Nobelherbergen am Wochenende billiger wohnt als bei mittlerem Komfort im Umland.

»Vollkomfort«, wie das immer heißt, ist inzwischen Standard, aber liebevoll und durchdacht eingerichtete Zimmer, wie sie für privat bewirtschaftete Häuser typisch sein sollten, sind immer noch die Ausnahme.

Immerhin: Man kann inzwischen davon ausgehen, daß man auch in kleineren Orten ohne Voranmeldung sein Haupt betten kann, darf also an Wochenenden einfach ins Blaue fahren.

Die Beobachtungen zur noch nicht optimalen Infrastruktur könnten jedoch leicht den – neben der Erholung – interessantesten Effekt eines Wochenendrutsches ins Brandenburgische verschütten: Sieben Jahre nach der Vereinigung scheinen wir alle zu wissen, was wir voneinander zu halten haben: Ossis von den Wessis und Wessis von den Ossis; Gespräche, wo sie überhaupt noch zustandekommen, beschränken sich gern auf Unverfängliches. Die Wirtschaftskrise tut ein übriges. Die Vereinigung der beiden Deutschländer scheint ewig her zu sein, heute haben wir andere Sorgen: Jeder macht seins. Und Zeit haben wir sowieso keine. Erzähl mir nichts vom Pferd, wen interessiert das alles noch. Schnee von gestern. Und dennoch: Wer zuhört, wird oft belohnt werden mit (Lebens-)Geschichten, die spannend, weil anders sind: Wie war Leben auf dem platten Land in Brandenburg? In einer Kleinstadt? In den vierziger, den fünfziger, den sechziger oder siebziger Jahren? Kurz vor der Wende? Manches war genau wie im Westen, anderes ist uns so fremd wie nur möglich, Geschichten von der Rückseite des Mondes. Und doch bilden sie die fehlende Hälfte unserer eigenen Geschichte.

Hinter Nachbars Zaun: Mark Brandenburg ganz nah

Stahnsdorf – Großbeeren – Saarmund
Blankensee

Was ist eigentlich hinter Nachbars Zaun? Das ist wohl die Grundneugier, die einen über die Stadtgrenze treibt. Man hat ja nicht ständig Zeit und Lust, größere Ausflüge zu unternehmen. Immer noch, Speckgürtel hin oder her, ist die alte (West-)Berliner Grenze zum Umland deutlich zu erkennen, immer noch hat man das Gefühl, vor die Stadt zu treten wie vor die eigene Haustür, man zieht die frische Luft durch die Nase und sieht sich um.

Und zu sehen gibt es genug. Auch zu erleben und zu genießen; originelle Lokale zum Beispiel haben sich hier in Stadtnähe in weit größerer Zahl angesiedelt als sonst südlich Berlins.

STAHNSDORF. Beim Stahnsdorfer Friedhof handelt es sich um einen besonderen Begräbnisplatz, in dreierlei Hinsicht: Er ist eine der wohl größten Waldfriedhofsanlagen Deutschlands, die letzte Ruhestätte zahlreicher Persönlichkeiten aus Kunst, Politik, Wissenschaft und Gesellschaft und durch seine einheitliche Anlage und die Gestaltung vieler Grabstätten ein architektonisches Gesamtkunstwerk.

Um die Jahrhundertwende wurden die Friedhöfe der Stadt Berlin und ihrer zahlreichen großen Industriegemeinden und Vororte mit insgesamt zweieinhalb Millionen Einwohnern zu klein. Es entstand der Plan großer, außerhalb des Stadtgebietes gelegener Begräbnisplätze. Träger war der »Stadtsynodalverband der Haupt- und Residenzstadt Berlin« der Evangelischen Kirche. Anfang des Jahrhunderts erwarb dieser Verband bei Stahnsdorf ca. 263 Hektar der Feldmark. Der eigentliche Friedhof sollte rund 110 Hektar umfassen und damit doppelt so groß werden wie zum Beispiel der Charlottenburger Schloßpark.

Im Jahre 1907/08 veranstaltete man einen Wettbewerb von Architekten und Landschaftsgestaltern, der aber keine befriedigenden Ergebnisse brachte, und so beauftragte der Träger den in eigenen Diensten stehenden **Gartenbauarchitekten Louis Meyer** (1877–1955) mit der Parkgestaltung und den **Kirchenbaumeister Gustav Werner** mit dem Entwurf der Gebäude. Meyer, der die von Lenné gegründete Königliche Gärtnerlehranstalt in Potsdam besucht hatte, arbeitete über drei Jahrzehnte hinweg an der Anlage.

Am 28. März 1909 wurde der riesige neue Friedhof eingeweiht. Bis 1926 ließ man 80 000 einjährige Kiefern, 1600 Birken, 1000 Buchen und 4500 Douglasien pflanzen. In einer Geschichte Stahnsdorfs heißt es: »Der Gesamteindruck des Friedhofs wird entscheidend bestimmt durch die Einheit von Garten- und Friedhofskunst, Architektur und Plastik«; ein

Seite 11: Landschaft bei Saarmund

Grabstätte des Julius Wissinger von Max Taut

Eindruck, den jeder Besucher leicht bestätigen wird. Brunnen aus Kunststein und Klinkermauerwerk, Unterstellhäuschen und andere sorgfältige detaillierte Kleinbauten bilden die Orientierungspunkte auf dem riesigen Gelände. Die Kirche, eine große Holzkapelle, zwischen 1908 und 1911 von Gustav Werner nach dem Vorbild norwegischer Kirchen gestaltet, besitzt farbige Glasfenster mit Jugendstilornamenten.

Heute liegen in Stahnsdorf rund 67 000 Tote, die meisten aus den Kirchenbezirken Alt-Berlin, Charlottenburg und Schöneberg. Nach dem Mauerbau diente der Platz den umliegenden Ortschaften und dem Potsdamer Neubaugebiet Stern. Vier Jahre nach Eröffnung hatte man eine eigene Bahnverbindung von Berlin aus eingerichtet. Ausgangsbahnhof für die Särge der Verstorbenen war der Ringbahnhof Halensee. 1928 wurde der elektrische S-Bahn-Betrieb nach Stahnsdorf aufgenommen.

Wer liegt hier begraben? Promis von einst sind zahlreich. Einige Namen dürften noch bekannt sein: der Maler **Lovis Corinth** (1858–1925), **Heinrich Zille** (1858–1929), der Komponist **Engelbert Humperdinck** (1854–1921), der Begründer der Zeitschrift »Schaubühne«, später »Weltbühne«, **Siegfried Jacobsohn** (1881–1926), der Literaturwissenschaftler **Paul Wiegler** (1878–1948), der Filmregisseur **Friedrich Wilhelm Murnau** (1878–1948) oder der Schauspieler **Max Adalbert**. Berühmt ist auch die Verlegerfamilie Langenscheidt, deren Gründer, **Gustav Langenscheidt** (1832–1859), hier begraben liegt. Das große Grabmal im Stil der Neo-Renaissance wurde ursprünglich für einen anderen Friedhof entworfen, den der St.-Matthei-Gemeinde in der Schöneberger Großgörschenstraße. Aber als Albert Speer die Umgestaltung Berlins zur größenwahnsinnigen Hauptstadt Germania plante, mußten ab 1938 aufwendige Umbettungen vorgenommen werden, damit die Straßenzüge auf die gewünschte Breite vergrößert werden konnten. Damals gelangte das Mausoleum der Familie Langenscheidt nach Stahnsdorf.

Weitere populäre Stahnsdorfer Tote sind der Erfinder und Industrielle **Werner von Siemens** (1816–1892), **Edmund Rumpler** (1872–1940), Flugpionier und Schöpfer der »Rumplertaube« vor dem Ersten Weltkrieg, sowie **Georg Graf von Arco** (1869–1940), Erfinder der Funktelegrafie. Und hier liegen auch der preußische Innenminister **Wilhelm Gröner** (1867–1939) und die geborene **Freiin und Edle von Plotho**, verheiratete Baronin von Ardenne, Großmutter des Wissenschaftlers Manfred von Ardenne. Ihre Lebensgeschichte verarbeitete Fontane in seinem Roman »Effi Briest«; die Baronin starb 1952, fast hundertjährig.

Ein obskurer Toter ist der Hellseher **Erik Jan Hanussen**, der vermutlich 1933 von den Nationalsozialisten ermordet wurde. **François Haby** (1861–1938), der Hoffriseur Kaiser Wilhelms II., dachte sich den berühmten aufgezwirbelten Schnurrbart Seiner Majestät aus.

Zahlreiche Opfer der nationalsozialistischen Gewaltjustiz und auch KZ-Opfer liegen hier, darunter der sozialdemokratische Politiker **Rudolf Breitscheid** (1874–1944). Der Filmregisseur Wolfgang Liebeneiner ließ einen Grabstein für die **Familie Gottschalk** setzen. Joachim Gottschalk (geboren 1904) und seine jüdische Ehefrau Meta (geboren 1902) wählten, um den Verfolgungen durch die Nationalsozialisten zu entgehen, mit ihrem Sohn Michael (geboren 1933) 1941 den Freitod.

TIP 132 133

GROSSBEEREN. Am 23. August 1813 fand hier unweit von Berlin eine der großen **Schlachten der Befreiungskriege** gegen die napoleonische Besetzung Preußens und Deutschlands statt. Nachdem sich die preußischen Truppen in der Schlacht bei Großgörschen im Sächsischen geschlagen gegeben hatten und geflohen waren, setzte sich Napoleon in Richtung Berlin in Marsch. Zwischen ihm und der Hauptstadt stand ein Teil des preußischen Heeres unter dem Kommando des Kronprinzen von Schweden, Karl Johann. Dieser verfolgte angeblich den Plan, Berlin preiszugeben, um sich dann mit der Oder im Rücken eine bessere Ausgangsstellung zu verschaffen.

Als Gerüchte darüber nach Berlin drangen, waren die Einwohner entsetzt. Ein Zeitgenosse jener Jahre, der Privatbankier Johann David Müller (1781–1844), hat die napoleonischen Kämpfe um Berlin mit ihren wirtschaftlichen, militärischen und gesellschaftlichen Wirren in seinen »Notizen aus meinem Leben« beschrieben. Er berichtete, daß eine Abordnung

Berliner Bürger in dem nahe Teltow gelegenen Örtchen **Ruhlsdorf** in einer Mühle von dem Prinzen Karl Johann empfangen wurde. Seiner Versicherung, Napoleons Truppen würden die Stadt schonen, hielten die Berliner entgegen, mehr als 100 000 waffenfähige Bürger würden ihren Herd selbst schützen.

Am Sonntagmorgen, dem 23. August 1813, vernahm man in der Stadt Kanonendonner, der auch am Montag anhielt. Am Abend erfuhr Berlin vom preußischen Sieg. »Allgemeine Freude und Enthusiasmus verbreiteten sich schnell, und jeder, der dies tun konnte, gedachte der Not unserer tapferen Krieger, die vielleicht während den angestrengten zwey Tagen an Vielem, besonders Erquickung, Noth litten. Noch an demselben Abend ließ ich einen Leiterwagen mit Lebensmitteln, Reis, Hirse, Grütze, Brodt, Schincken, Wurst und besonders gemahlenen gebrannten Koffee, Zucker, Rum, Brandtwein etc. beladen und schickte mein Gespann schon um drei Uhr morgens nach dem Schlachtfelde bei Großbeeren ab, wohin ich um fünf Uhr Morgens folgte.

Die ganze Tour dahin vom Halleschen Tore war mit einem Zuge von Fourage-, Proviant- und Privatwagen mit Lebensmitteln, die freiwillig gespendet wurden, besetzt; ... Angekommen ..., sah ich das Feld zur rechten Seite des Dorfes mit Leichen, Kugeln, Armaturstücken, Todten Pferden und einer unabsehbaren Menschenmenge, welche die Neugierde herausgelockt, bedeckt. Ein grauenvoller Anblick, denn mitten unter den Leichen biwakierte das erste Treffen der Preußen, während das zweite Treffen den Feind verfolgte ... am meisten waren die Offiziere für schwarzen Koffee, Zucker und Rumm danckbar ... Aus Danckbarkeit wurde mir das ganze Schlachtfeld erklärt und gezeigt, wie der General Bülow von Mittenwalde aus mit den Batterien durch Wiesen und den wässerigen Nuthegraben in die Flanke des Feindes kam und durch kräftigen Kugelregen den Feind endlich zum Weichen gebracht.«

Das Örtchen **Großbeeren** wurde bei den Kämpfen ziemlich verwüstet. Wenige Jahre darauf errichtete Karl Friedrich Schinkel die neue **Dorfkirche**. Von ihm stammt auch das **Denkmal** zur Erinnerung an die Schlacht, 1817 fertiggestellt. Kurz vor dem Ersten Weltkrieg errichtete man 1913 einen Aussichtsturm mit musealer Gedenkhalle aus Beton und Kunststein, ein typisches Bauwerk des späten Wilhelminismus, der den Historismus hinter sich gelassen hatte, Jugendstilornamente aufnahm und ins Pathetisch-Monumentale steigerte.

Im Nachbardorf gibt es rund um das **Gutshaus »Schloß Diedersdorf«** einen riesigen Biergarten, der vor allem von Eltern und Kindern gern als Ausflugsziel gewählt wird. Hier kann man bei mäßigen Preisen ziemlich ungezwungen den Sonntag verbringen. Vom S-Bahnhof Blanken- **TIP 132** felde läuft man bei langsamem Tempo eine Stunde; nach Großbeeren ist es dann nochmal so weit.

TIP 132 133

SAARMUND. Saarmund, Autobahnausfahrt hinter Potsdam, ist von Berlin aus leicht und schnell zu erreichen. Der Ort, ursprünglich eine Burg mit kleiner Siedlung, galt bis zur Mitte des vorigen Jahrhunderts als Städtchen, heute ist er nur noch ein langgestrecktes Dorf. Aus weiter Entfernung ist die 1840 von Friedrich August Stüler erbaute **Kirche** sichtbar. Die Berliner kennen wenigstens zwei seiner Werke: die Matthäikirche gegenüber der Philharmonie und das kleine Kirchlein in Nikolskoe gegenüber der Pfaueninsel. Stüler hat viele märkische Pfarrkirchen gebaut. Oft muten sie in der Umgebung geduckter Bauernhäuser des 19. Jahrhunderts für unser heutiges Auge merkwürdig an. Auch diese tut das, eine dreischiffige, neuromanische Backsteinbasilika im italienisierenden Stil der Potsdamer Romantik; vielleicht hat sogar Friedrich Wilhelm IV., der als Architekt dilettierte, an ihr mitgezeichnet. Sie wirkt wie aus Italien nach Preußen strafversetzt. Nahebei kann man im Sommer in dem schönen Garten des **Gasthauses »Zum Mühlengrund«** am Ufer der Nuthe sitzen, wenn man es nicht vorzieht, die zwei Kilometer nach **Philippsthal** zu fahren, um dort in der **»Knappenschänke«**, einem alten Bauerngehöft, wesentlich origineller einzukehren; vor allem Kinder werden den Streichelzoo mögen, auch reiten kann man dort. Bei kühlem Wetter brennt der große offene Kamin. »Mittelalterliche Küche« findet hier statt, auf Wunsch mit Herold, Musikanten und Bauchtänzerinnen.

Man kann von Saarmund aus laufen oder radfahren. Zu großen Sehenswürdigkeiten führt es nicht, aber in zwei typisch märkische Landschaftssituationen: flaches Niederungsgebiet und hügelige Kiefernheide, deren Stille und Abgeschiedenheit in wohltuendem Kontrast zur nahen Großstadt stehen. Für Literaturinteressierte sei gesagt, daß sie sich dabei sozusagen auf eine literarische Fährte begeben. **Peter Huchel** (siehe Einleitung) wurde Anfang der dreißiger Jahre von einer großen Zeitschrift zusammen mit anderen prominenten Autoren, darunter Thomas Mann, aufgefordert, eine Landschaft zu beschreiben. Von Huchel erbat man einen Text über die Mark, die »Mitte Deutschlands«. Er hielt sich nicht lange mit historischen Erörterungen und umständlichen Beschreibungen auf, sondern schlug kurzerhand zwei Wanderungen vor, die im folgenden beschrieben werden sollen.

Rund um Saarmund. Die erste Wanderung führt entlang der Nuthe. Vom Restaurant »Mühlengrund« geht man die paar Schritte zur Nuthe-

Landschaft bei Saarmund

brücke, überquert sie und biegt nach rechts auf den schmalen Fußweg entlang dem Flußufer. Vorausgesetzt, das Flüßchen führt nicht so viel Wasser, daß unter der Autobahn der Fußpfad überschwemmt wird, gelangt man bis in die Nähe des Dorfes **Gröben**.

Dort führt eine Straßenbrücke über das Wasser, auf ihr überquert man den Fluß und folgt ihm auf dem anderen Ufer 200 Meter bis zur **Mündung der Nieplitz**. Von dort gelangt man zum Dörfchen **Schiaß**. »Hier, über Wiese und Kolk, hat der Himmel Raum, wo kleiner Wald sich vorwagt, drückt er ihn beiseite, er greift weit über seine Wolken hinaus, und unter ihm wird auch die kleine Flußlandschaft herrlich groß und offen«, beschreibt Peter Huchel die Gegend. Nirgends, heißt es weiter, sei die Mark stiller als hier. Allerdings hatte, als Huchel schrieb, der Reichsarbeitsdienst das Flüßchen noch nicht begradigt.

Das so unscheinbare Dörfchen **Schiaß** sollte man genau in Augenschein nehmen. Die wie zufällig einen Halbkreis bildenden Häuser der wenigen Gehöfte stellen die – seltenen – **Reste eines wendischen**

Runddorfes dar. Diese Ecke des stillen Landes gehörte einst zum »Thümenschen Winkel«, einer sächsischen Enklave in Preußen. Wenn Soldaten der Potsdamer Garnison aus hartem Dienst fliehen wollten, versuchten sie des Nachts hierher zu gelangen – auf ausländisches Gebiet.

Nahebei liegt der stille **Grössinsee.** Man gelangt auf gleichem Weg wieder nach Saarmund zurück und hat am Ende insgesamt 15 Kilometer zurückgelegt.

Die zweite Route, die der Dichter vor 70 Jahren den Lesern der »Literarischen Welt« vorschlug, ist etwas länger; es empfiehlt sich, das Rad zu nehmen.

Von Saarmund aus gelangt man nach **Alt Langerwisch.** Peter Huchel ist hier aufgewachsen, der stattliche Gasthof seines Großvaters steht noch an der Straßenkreuzung in der Ortsmitte; das **Gasthaus »Zur Truhe«** gilt als beste Spargeladresse der Gegend.

Wanderung in Richtung Süden. Hier geht es nach **Wildenbruch,** und dort vorbei an der großen **Feldsteinkirche** aus dem 13. Jahrhundert zur Badestelle am Ufer des **Seddiner Sees.** Dahinter beginnt ein Uferweg, nach zwei Kilometern wird es waldig, hügelauf geht es an einem Campingplatz vorbei auf den **Rauhen Berg.** Oben öffnen sich die Föhren, und man blickt hinunter auf den Kähnsdorfer See. Es ist schön hier – hören wir Peter Huchel: »Wo der karge, von Roggen, Kartoffeln und Lupinen bestandene Boden seinen schlafenden Ackerweg ganz in der krautigen Brache versanden läßt, wächst nichts als wilder Hafer und dürre Kiefernheide: Watet man aber durch Wellen von Farn die Föhrenhügel hinauf und sieht plötzlich im blauen Feuer des Mittags einen von Algen verschleierten See unter sich – dann nimmt das Land eine sanfte Gewalt an. Noch steht man in der brandigen Luft von Harz und Borke, auf einem moosarmen, nur von Kiennadeln überknisterten Grund, doch man blickt hinab und fühlt, wie schön dort unten, im Zauber der Zauche, Wald, Schilf und Wasser beieinander liegen ...«

Wenn das Wetter es erlaubt, kann man hier oben picknicken – mit Blick auf den See. Wer es bequemer liebt, mag im nahen **Kähnsdorf** im
TIP 133 **Gasthof »Zur Reuse«** essen oder in **Wildenbruch im Gasthof »Zur Linde«,** der als eine der besten Adressen südlich der Stadt für gut gekochte bodenständige Küche gilt; im Sommer sitzt man sehr angenehm im Biergarten auf dem Hof.

Fresdorf und Tremsdorf sind weitere hübsche Orte in Peter Huchels Heimatgegend; Fresdorf besitzt mit der **»Wein-Schmiede«** auch eine originelle Trinkgelegenheit, die sich besonders für Herbst und

Am Schloß Blankensee

Winter empfiehlt, wenn in der alten Esse gewaltig die Holzscheite brennen. Mitten im Ort an der Dorfaue steht die einstige **Dorfschmiede**, ein winziger Bau. Man hat sich auf Pfälzer Weine spezialisiert. Achtung: nur freitags und am Wochenende ab mittags geöffnet!

BLANKENSEE. Weder von Fresdorf, noch von Schiaß oder von Beelitz aus (siehe das Kapitel »Die klassische Route: Richtung Südwesten«) ist es weit bis nach Blankensee. Zwei Attraktionen besitzt der Ort: das Bauernmuseum, das mit der Geschichte landwirtschaftlicher Produktion vertraut macht, wo man auch manches über die Umwälzungen nach 1945 auf dem Gebiet der DDR erfährt, und das Schloß samt Parks. TIP 132 133

500 Jahre haben die von Thümen hier gesessen, deren barocke Patronatsloge man in der Kirche noch sehen kann. Der spätbarocke Putzbau des Gutshauses – »Schloß« ist vielleicht übertrieben – weist das typische Doppeldach auf und einen bescheidenen einachsigen Mittelrisalit.

Die Thümens haben es sich 1701 bauen lassen. Später kamen die seitlichen Flügel dazu.

1902 verkaufte die Familie das **Schloß Blankensee** an **Hermann Sudermann** (1857–1928), einen Theaterautor, der es mit »Ehre« und »Heimat« sehr erfolgreich verstanden hatte, die französische Gattung des Gesellschaftsstückes auf deutschen Bühnen zu etablieren. Damit war er nicht nur so reich geworden, daß er sich Blankensee kaufen konnte, sondern auch umstritten und bei der Kritik zumeist geradezu verpönt. Wohlwollender wurden seine Romane und Erzählungen aufgenommen.

Sudermann war Sammler. Er kaufte Skulpturen und möblierte den von den Thümens einst im Wörlitzer Stil angelegten, nach Lennéschen Plänen umgestalteten Park mit Architekturen, die seinen Erwerbungen den Rahmen geben sollten. Derzeit ist die Anlage weitgehend restauriert; sie liegt sehr hübsch an der Nieplitz zwischen dem Blanken- und dem Größinsee.

TIP 133 In der **Museumsschänke des Bauernmuseums** kann man einkehren. Wer es anspruchsvoller liebt, mag in die Parkstraße im nahen **Trebbin** fahren, dort wird in der **Hans-Clauert-Stube** des Parkhotels gut gekocht.

Die klassische Route: Richtung Südwesten

Beelitz – Kloster Lehnin – Treuenbrietzen Märkisches Burgenland · *Belzig* · *Wiesenburg* · *Rabenstein* – **Wörlitz – Oranienbaum – Dessau** · *Mosigkau* · *Bauhaus* – **Wittenberg – Jessen** · *Wiepersdorf*

Raus aus der Stadt gen Süden? Am einfachsten geht das im Südwesten. Eine halbe Autobahnstunde, und schon ist der Stadtflüchtling im **Hohen Fläming**, einer Hügellandschaft, die ganz unmärkisch daherkommt: keine Kiefern, keine Seen, statt dessen Bäche und Buchen.

Wer Lust auf einen Tagesausflug hat, vielleicht sogar über Nacht bleiben möchte, kann den Hügelzug überqueren und sich entweder von den Wundern der **Wörlitzer Schlösser- und Gartenwelt** gefangennehmen lassen oder in **Wittenberg** auf den Spuren Luthers weltgeschichtlichen Ereignissen nachforschen.

Wer Richtung Südwesten die Stadt verläßt, folgt zugleich einer uralten Reiseroute, dem klassischen Weg von und nach Berlin: Fast alle, die einst in die – erst brandenburgische, später preußische – Hauptstadt gereist sind, taten dies von Südwesten her. Sie kamen über Dresden oder Leipzig nach Wittenberg, überquerten dann den Hohen Fläming und erreichten bei Treuenbrietzen preußischen Boden; auch wer Berlin verließ, reiste damals in aller Regel über Wittenberg. Wir beginnen daher mit Spargel-Beelitz, seinerzeit erster Pferdewechsel hinter Potsdam beziehungsweise letzte Station vor der Ankunft in der Residenz.

TIP 133 134

BEELITZ. Spargel-Beelitz? Es gibt Spitzenköche, denen nichts über die weißen Stangen aus diesen Sandböden geht. Der Ausflügler hat es auch nicht schwer, fündig zu werden: Von Mai bis Juni stehen die Verkäufer an den Rändern der Bundesstraßen und bieten das Saisongemüse an. Schwerer ist es schon, in Beelitz **Spargel** zu essen, es sei denn, man begnügt sich mit einer sehr durchschnittlichen Zubereitung der Delikatesse.

Das Städtchen selbst, vom Durchgangsverkehr gebeutelt, ist entlang der Hauptstraßen nicht gerade eine Schönheit, aber es sollen dem Spargelkäufer doch zwei Spaziergänge empfohlen sein. Zum einen besteht in Beelitz die selten gewordene Möglichkeit, auf der Mauerstraße einmal rund um die Altstadt herum zu laufen und so im Anschluß an den Spargeleinkauf in einer halben Stunde einen Kompaktkurs in **Kleinstadtidylle** zu absolvieren. Der andere Vorschlag: eine Wanderung nach **Schönefeld**, ein Dorf, heute Ortsteil von Beelitz, das dem Auge eine **geschlossene Bebauung aus dem vorigen Jahrhundert** bietet, mit stuckverzierten Fassaden zweistöckiger traufständiger Häuser. Von dort führt eine alte Pflasterstraße durch den Wald nach **Rieben**; auf dem alten Weg kann man von der Postkutschenzeit träumen. Vier Kilometer hinter Beelitz auf der B 2 quetscht sich übrigends die Bundesstraße über eine schmale alte Brücke: Diesen Über-

Seite 21: Nymphäum im Wörlitzer Park

gang über das Flüßchen Nieplitz haben schon die Postkutschen benutzt.

In Beelitz steht dicht bei der Kirche noch ein Reisezeugnis von einst: **die alte Posthalterei.** Sie bot Unterkunft, Passagen konnten gebucht, Briefe aufgegeben werden. Oben wohnte der Postmeister, Treppen und Stuck haben sich erhalten: leider momentan unzugänglich.

Beelitz war Ausgangspunkt. Von hier ging es in die weite Welt, auch wenn die auf den ersten Kilometern bloß aus Sand zu bestehen schien. Aber vor der Weiterfahrt auf der alten Ausfallroute müssen wir unterbrechen für einen wichtigen Ausflug in westliche Richtung. Die Geschichte der Mark Brandenburg und Berlins verlangt es so.

LEHNIN. Lehnin (bitte zweite Silbe betonen!) war einst bedeutendstes **Zisterzienserkloster** der Mark und ein Kulturzentrum; die Klosterkirche gilt als wichtigster Bau des Ordens in Brandenburg. 1180 gründete Markgraf Otto I. Lehnin als Hauskloster der brandenburgischen Askanier. Die Zisterzienser-Abtei wurde der Heiligen Maria geweiht und war die früheste Niederlassung des Ordens in der Mark; um das Jahr 1190 begann der Bau der ersten Kirche durch eine prämonstratensische Bauhütte. **TIP 133 134**

Bereits fünfzig Jahre später erfolgte eine wesentliche Erweiterung im frühgotischen Stil. Wie alle Zisterzienserkirchen erhielt auch die Lehniner keinen Turm, sondern einen Dachreiter, Ausdruck schlichter Lebensführung. Die Erweiterung führten Bauleute des Ordens aus, die turmlose Westfassade wird einem »Meister Conrad« zugeschrieben. Der Außenbau ist durch Lisenen, Rund- und Kreuzbogenfriese reich gegliedert.

Prunkstück der **Innenausstattung** ist ein Schnitzaltar mit Marientod und -krönung von 1476 und gemalter Predella von 1502. Zu den ältesten erhaltenen Stücken gehört ein spätromanisches hölzernes Triumphkreuz aus der ersten Hälfte des 13. Jahrhunderts, das in der Vierung vor dem Altarraum hängt. Links davon ein hölzernes Taufbecken aus dem 17. Jahrhundert und das Tafelbild einer Kreuzigung niederdeutscher Herkunft (um 1460 bis 1470), das mit seinem goldornamentierten Hintergrund die meisten Beschauer anzuziehen pflegt.

Kirche und Klosteranlage verfielen in den Jahrhunderten nach der Reformation. Erst in den siebziger Jahren des vorigen Jahrhunderts wurde umfassend restauriert. Vom Klausurgebäude haben sich ebenso wie von Sakristei, Kapitelsaal, Kreuzgang und Keller nur Reste erhalten. Um 1925 baute man Teile wieder auf. Ähnliches gilt für die übrigen Gebäude des Klosters, das **Kornhaus** aus Backstein, aus dem 14. Jahrhun-

Kloster Lehnin

dert, das Abtshaus aus dem 15. Jahrhundert (restauriert 1907) und das **Falkoniershaus** daneben aus der Mitte des 15. Jahrhunderts.

Die Macht der Lehniner Äbte in der mittelalterlichen Mark Brandenburg ist kaum zu überschätzen. Sie nahmen fürstlichen Rang ein, besaßen das Recht, Hermelin zu tragen und erhielten 1450 sogar vom Papst den bischöflichen Ornat zugestanden, das heißt, bei feierlichen Gelegenheiten durften sie Mitra, Krummstab, Pallium und Ring tragen. Auf Landtagen saßen sie auf der ersten Bank unmittelbar nach den drei vornehmsten Prälaten Kurbrandenburgs, den Bischöfen von Brandenburg, Havelberg und Lebus.

Mag das **Abtshaus** an der Westfront der Kirche heute auch nicht allzu groß und prächtig erscheinen, muß man es doch für die damalige Zeit mit den umgebenden Bauernkaten aus Lehm und Stroh vergleichen. Zur Entstehungszeit stand größerem Prunk auch das zisterziensische Armutsideal entgegen. Außerhalb des Klosters besaßen die Äbte Stadthäuser in Brandenburg und Berlin. Das Berliner Haus war zunächst an dem Ort, wo im 15. Jahrhundert das Berliner Schloß errichtet wurde und heute der Palast der Republik steht.

Lehnin wurde zum reichsten Kloster der Mark. Bei der Auflösung besaß es zwei Marktflecken, 64 Dörfer, 54 Fischereien, sechs Wasser- und neun Windmühlen, vierzehn große Wälder, dazu Äcker, Wiesen und Weinberge. Daß man über die angrenzenden Seen direkt die Havel erreichen konnte und über die Elbe die Seehäfen, begünstigte den Verkauf von Korn und Vieh.

Der letzte Abt hieß Valentin. Er regierte von 1509 bis 1542 und führte das Kloster noch einmal zur Blüte. Dem brandenburgischen Kurfürsten Joachim I. diente er als Ratgeber. Valentin stiftete den **Hochaltar** von 1518, dessen Mittelschrein aus einer Leipziger Werkstatt stammt (seit Beginn des 18. Jahrhunderts befindet er sich als Hochaltar im Dom von Brandenburg). Ebenfalls aus eigenen Mitteln ließ er Glocken gießen. Aber noch zu seinen Lebzeiten ging die Mark unter Joachim II. zum neuen Glauben über, und Kloster Lehnin wurde unter Pflegschaft gestellt.

Als Valentin 1542 starb, verbot der Landesherr dem Konvent, einen neuen Abt zu wählen. Die Mönche durften bleiben oder wandern, aber die großen Besitztümer fielen an das Land. Von den gebliebenen Mönchen ist nicht viel mehr überliefert als ein Gesuch an den Kurfürsten, ihnen »zum Mittagessen vier Gerichte, zum Abendessen drei Gerichte, eine Tonne Bier wöchentlich, acht Tonnen Wein jährlich, außer diesen aber zu Neujahr und Mitfasten einen großen Thorner Pfefferkuchen« zu gewähren.

Heute befindet sich auf dem Klostergelände ein evangelisches Krankenhaus mit 120 Betten; das Luise-Henriette-Stift bildet auch Diakonissen aus.

Wir kehren zurück auf die »klassische Route«, Richtung Südwesten.

TREUENBRIETZEN. Für den Berlin-Reisenden aus dem Sächsischen war Treuenbrietzen einst erste preußische Zollstation. Die Stadt liegt am äußersten Nordrand des Fläming. Im Schutz einer deutschen Burg entstand hier schon im 13. Jahrhundert ein Burgort mit einer Marienkirche, die später als die eigentliche Pfarrkirche des Ortes gelten sollte. Weiter westlich wurde bald darauf eine Marktsiedlung mit der Nikolaikirche gegründet. Die Anfänge dieser Kirche gehen auch in das frühe 13. Jahrhundert zurück. **TIP 133 134**

Die Marienkirche ist eine spätromanische kreuzförmige Gewölbebasilika (Baubeginn um 1220). Ebenfalls als kreuzförmige Gewölbebasilika, aber in frühgotischen Formen, wurde die Pfarrkirche St. Nikolai errichtet. Die Türme beider Kirchen sollen der Überlieferung nach im 15. Jahrhundert aus den Steinen der damals abgebrochenen Burg errichtet worden sein.

Beide Gotteshäuser bilden die eigentliche Attraktion der Stadt. Kirchen in der Mark sind meist das Werk vieler Generationen, die an ihnen gebaut haben. Kriege und Brände machten immer wieder Neuanfänge nötig, Lebensgefühl und religiöses Empfinden änderten sich im Lauf der

Jahrhunderte. Es ist reizvoll, dies jeweils an einem einzigen Bauwerk ablesen zu können. In Treuenbrietzen aber ist gerade das Gegenteil der Fall: St. Marien und St. Nikolai bieten unverstellt den Raumeindruck ihrer Entstehungszeit. Auch wer sonst die Mühe scheut, im Pfarramt nach dem Schlüssel zu fragen, hier sollte er es tun!

Die evangelische **Marienkirche** am nördlichen Rande der Altstadt ist die größere und ältere. Sie gehört zu den ganz frühen märkischen Beispielen für die Verwendung des Backsteins und der Gewölbetechnik. Die rot-weiße Bemalung der Wölbungsrippen hebt die konstruktive Struktur hervor und gliedert den Raum. Überraschend ist der Gegensatz von innen und außen. Das Innere besitzt keineswegs die lastende Schwere, die die gedrungenen Proportionen außen vermuten lassen.

Der Turm von **St. Nikolai** mit barocker Haube weist einem den Weg durch die alten Gassen verfallener Ackerbürger- und Handwerkerhäuser. Eng umschließen sie den zweitältesten Sakralbau Treuenbrietzens, heute katholische Pfarrkirche. Der Innenraum ist vielleicht noch eindrucksvoller als in St. Marien. Da Putz völlig fehlt, tritt die virtuose Behandlung des Backsteins ganz deutlich hervor. Lehnin und Zinna waren nah, und der zisterziensische Einfluß ist unverkennbar. Daß man im Abstand von 50 Jahren zwei große Kirchen errichten konnte, zeigt den damaligen Reichtum der Stadt. Ende des 13. Jahrhunderts umgaben die Bürger Treuenbrietzen mit einer massiven **Ringmauer**. Die Baumeister kamen aus dem nahen Kloster Zinna. Wie Treuenbrietzen zu seinem Namen kam, ist sagenumwoben: In den Kämpfen um den sogenannten falschen Waldemar hielt die Stadt 1348 zum rechtmäßigen, damals Wittelsbachschen, brandenburgischen Markgrafen. Dieser Haltung verdankte, so heißt es, das Städtchen Brietzen die Erweiterung seines Namens zu eben »Treuenbrietzen«. Die Treue zahlte sich für die Stadt aus. Sie erhielt die langersehnten Mühlenrechte, die bis dahin die Zinnaer Mönche besessen hatten.

Gegenüber dem Kirchenportal der Marienkirche steht, vielfach gestützt, die **Lutherlinde**. Wie sie zu ihrem Namen kam, ist ebenfalls in märchenhafte Ferne gerückt, sicher ist, daß Martin Luther in Treuenbrietzen gepredigt hat. Einer seiner Anhänger, Martin Kemnitz oder Chemnicius, wurde 1522 hier geboren; er war ein bedeutender evangelischer Dogmatiker und starb 1584 als Superintendent in Braunschweig.

Merkwürdig zahlreich sind die Beziehungen der kleinen Stadt zur **Musik**. Zwei bedeutende **Orgelbauer**, Vater und Sohn Turley, waren Treuenbrietzener. Vater Johannes Tobias, ursprünglich Bäcker, baute 20 Orgeln und hat 30 Werke wieder instandgesetzt, ähnlich sein Sohn. Die

Turm der St. Nikolai-Kirche in Treuenbrietzen

Instrumente in den beiden Treuenbrietzener Kirchen allerdings stammen nicht von ihnen, sondern von dem »märkischen Silbermann« Joachim Wagner, aus Karo bei Genthin gebürtig und zunächst Geselle bei

Die Lutherlinde von Treuenbrietzen

Silbermann. Die Orgel in der Treuenbrietzener Marienkirche baute er von 1740 bis 1742.

Christoph Nichelmann, 1717 in Treuenbrietzen geboren, stand als zweiter Cembalist des Königlichen Kammerorchesters im Dienst Friedrichs des Großen, als Komponist erreichte er im 18. Jahrhundert hohes Ansehen. Ebenfalls in der Stadt geboren, nämlich 1765, wurde Friedrich Heinrich Himmel, berühmter Opernkomponist seiner Zeit. Er bestimmte vorübergehend den musikalischen Geschmack am Berliner Hof und schrieb auch volkstümliche Lieder.

TIP 134 Am südlichen Ende der Stadt liegt das **Heimatmuseum.** Die ehemalige Heilig-Geist-Kapelle, ein spätgotischer Rundbau aus dem 15./16. Jahrhundert, dürfte das meistfotografierte Gebäude Treuenbrietzens sein; die Sammlung im Innern ist noch im Aufbau.

Übrigens: Daß hierorts an allen Ecken an »Sabinchen« erinnert wird – es gibt sogar einen Sabinchen-Brunnen –, geht auf einen Gassenhauer des vorigen Jahrhunderts zurück, der die Verführung eben von Sabinchen zum Gegenstand hatte. Wer das Lied »Sabinchen war ein Frauenzimmer ...« genauer kennt, weiß jedoch: Sabinchen selbst kam gar nicht aus Treuenbrietzen, sondern bloß ihr Verführer ...

MÄRKISCHES BURGENLAND. Belzig liegt dort, wo der nach Süden fahrende Berliner zum ersten Mal das Gefühl bekommt, verreist zu sein: im Hohen Fläming, wenn sich bei Niemegk sanfte Waldhügel links und rechts der Autobahn hinzuziehen beginnen. Zu einer solchen Landschaft – so erwartet man – gehören Burgen. Und die gibt es auch. **TIP 134 135**

Viele fahren vor allem wegen **Burg Eisenhardt** nach Belzig. Schon die Askanier besaßen im 12. Jahrhundert hier eine Burg. Vermutlich ist die Anlage aber wesentlich älter. Im 13. Jahrhundert wechselte der Besitz ständig zwischen Sachsen, Magdeburg und Brandenburg, bis sie schließlich Ende des 13. Jahrhunderts bei Sachsen-Wittenberg blieb. In der zweiten Hälfte des 15. Jahrhunderts erfuhr die Anlage erhebliche Erweiterungen, wurde verstärkt und bekam den Namen Eisenhardt. Sie sollte – hart wie Eisen – den Geschossen der neuen Artillerie standhalten. Im Dreißigjährigen Krieg zerstört, wurde sie anschließend schloßartig wieder aufgebaut. 1712 übernachtete hier Zar Peter der Große auf der Rückreise von der Hochzeit seines Sohnes Alexej mit Charlotte Christine Sophie von Braunschweig. 1813, nach der Schlacht bei Hagelberg, wählte der russische General Wittgenstein Eisenhardt zu seinem Hauptquartier. Heute befindet sich in der Burg neben einem **Museum** ein **Schloßhotel**.

Man kann die hölzernen Stufen im Innern des 33 Meter hohen Bergfrieds hinaufsteigen. Die Mauern sind im unteren Bereich fast drei Meter dick, den Namen »Butterturm« hat er vermutlich bekommen, weil seine Form an ein Butterfaß erinnerte.

Von oben hat man einen guten Überblick. Nach Norden sieht man Gassen und Marktplatz des Städtchens, unter einem liegt die Feste. Südlich an die Burg angrenzend, nur durch den Graben von ihr getrennt, ist die **Bricciuskapelle** zu sehen (erstmals 1186 erwähnt). Ursprünglich mit einer Mauer umgeben, stand sie wohl in einer Art Vorburg. Der heutige Feldsteinbau stammt aus dem 15. Jahrhundert, die Innenausstattung vom Anfang des 17. Jahrhunderts. Am Ende des Friedhofs, der die alte Kirche umgibt, führt ein Pfad zu einem **Denkmal für den General Hirschfeld**, der 1813 die Preußische Landwehr im Gefecht bei Hagelberg befehligte.

In der anderen Richtung, zur Stadt hin, fällt ein runder, nach oben offener Mauerturm der Burg auf, mit einem Durchmesser von etwa zehn Metern. Er diente nicht nur zur Verteidigung, sondern auch als Zisterne. Westlich des Turmes fand man 1993 bei Sicherungsarbeiten Reste einer Kapelle, die bis dahin nur durch urkundliche Erwähnungen von 1323 und 1450 bekannt war. Sie stammt etwa von 1250 und ist der älteste Sakralbau innerhalb einer Burg im Brandenburgischen.

Als der »Romantiker auf dem Preußischen Königsthron«, Friedrich Wilhelm IV., 1849 das Denkmal auf dem Hagelberg einweihte, ordnete er umfangreiche Reparaturen der Burg an – das Mittelalter hatte es ihm angetan. Schaut man genauer hin, entdeckt man in der Gestaltung von Fensterlaibungen und dem Zinnenschmuck den Geschmack romantisierender Architektur.

TIP 134 Das **Burgmuseum** zeigt Modelle, Gerätschaften, Rezepturbücher und Textilien des Blaudruckes, einst Grundlage für die bäuerlichen Trachten des Flämings. Aber auch weniger Idyllisches ist zu sehen. Das Gefecht im nahen Hagelberg, nach dem die Franzosen 1813 endgültig aus Brandenburg vertrieben wurden, findet sich sehr anschaulich als Zinnfiguren-Diorama dargestellt. Anerkennenswerterweise scheut sich die Sammlung auch nicht, Zeugnisse zur Geschichte einer Außenstelle des KZ Ravensbrück in Belzig vorzuzeigen, wo Häftlinge, von der SS für wenige Pfennige pro Tag dem Unternehmer zur Verfügung gestellt, Rüstungsgüter herstellen mußten.

Vor der Burg ein wenig nach rechts fällt die schöne sächsische **Postmeilensäule** von 1725 ins Auge, eine Kopie. Reste des Originals stehen im Museum. An der Replika prangt auch wieder das polnisch-sächsische Allianzwappen, das die Preußen seinerzeit nach der Übernahme abgerieben hatten. August der Starke hatte im 18. Jahrhundert überall in Sachsen solche Säulen aufstellen lassen, nach eigenem, vom Dresdner Zwingerbaumeister Matthäus Daniel Pöppelmann überarbeitetem Entwurf.

Daß Belzig eine sächsisch geprägte Stadt ist, sieht man auch an Details wie den Sitznischenportalen vieler Häuser. Besonders prächtig restauriert scheint das **Rathaus** zu sein: Als hübscher Barockbau kommt es daher, in gelbem Putz mit Dachreiter. Wie man sich täuschen kann: Ein Neubau ist es, allerdings nach alten Plänen. Das ursprüngliche Gebäude, im 17. Jahrhundert auf spätgotischen Gewölben errichtet, war 1972 abgebrannt. Nach einer feuchtfröhlichen Brigadefeier der Wohnungsverteiler hatte jemand den Aschenbecher in den Papierkorb entleert ... Schnell war sich Belzig über den Wiederaufbau einig, man hatte auch das Geld, aber die Partei spielte nicht mit. Gerade eben waren auf dem VIII. Parteitag gewaltige Anstrengungen im Wohnungsbau beschlossen worden, da mochte man keine Rathäuser wiederaufbauen. Erst kurz vor der Wende hat sich die Stadt den Neubau ertrotzt. Der schöne Giebel entspricht genau dem alten – aus den zwanziger Jahren; beim ersten Bau, nach dem Dreißigjährigen Krieg, war Belzig für solchen Schmuck zu arm. Dennoch ziert das Rathaus die Stadtmitte.

St. Marien, die Pfarrkirche der Stadt, vom Burgturm aus nicht zu übersehen, ist im Gewirr kleiner Straßen und Gäßchen gar nicht so leicht wiederzufinden, denn sie steht abseits von Marktplatz und Zentrum, ein bißchen nördlich. Aber ein Gang lohnt. Ihr Kern ist sehr alt, ein kreuzförmiger, romanischer Feldsteinbau der Zeit vor 1250. Im 15. Jahrhundert errichtete man ein Seitenschiff unter eigenartigen Querdächern, baute den Chor um und den ursprünglich niedrigen und breiten Turm zu einer Doppelturmanlage aus. Die heutigen Turmschlüsse stammen aus der Zeit nach dem Brand 1636. Die Ausstattung entstand nach dem Dreißigjährigen Krieg: Der Altaraufsatz wurde 1660 gestiftet, die Kanzel 1659/60 von Christoph Witt errichtet. Vor dem Westportal, zu Füßen der mächtigen Türme, bildet die Westseite der Kirche mit Kantorhaus und Superintendentur einen intimen kleinen Platz. Hier im Kantorhaus wurde **Carl Gottlieb Reißiger** (1798–1859) geboren, Komponist und Lehrer, Musikdirektor der Dresdner Hofoper und Leiter des Dresdner Konservatoriums. Opern, Lieder und Kirchenmusik hat er geschrieben – und Ludwig van Beethovens IX. Symphonie uraufgeführt. Auch andere Spuren sächsischer Kultur führen in diesen abseitigen Winkel. 1769 wurde hier der romantische Dichter und heute vergessene Erfolgsautor **August Gottlieb Eberhard** geboren. In dieser verwunschenen Ecke merkt man es vielleicht besonders stark: Der Hohe Fläming ist ein besonderes Stück Brandenburg, spät erworben, immer ein bißchen fremd geblieben. Die Ausflüge, die sich von Belzig aus anbieten, führen auf dieser Spur weiter.

Von Belzig aus kann man auch auf ausgeschilderten Wegen nach **Verlorenwasser** wandern, einem sehr idyllischen Ort, in tiefster Abgeschiedenheit mitten im Wald; einst lag hier der geographische Mittelpunkt der DDR. Den Namen hat der Ort von einem Bach, der hier verschwindet, um woanders wieder aufzutauchen.

Wiesenburg. Ebenfalls auf der B 246 gelangt man von Belzig aus nach Wiesenburg (8 Kilometer). **TIP 134 135**

Die Wiesenburg ist schon lange keine Burg mehr, sondern ein Schloß. In slawischer Zeit ein befestigter Platz, wurde sie später Magde-

Männeken-Tor in Wiesenburg

burger Lehen, das, wie üblich im südlichen Brandenburg, häufig den Besitzer wechselte und 1356 an den Kurfürsten von Sachsen gelangte. Hundert Jahre später ging es in den Lehnsbesitz der Familie Brandt über, die in dem Grenzgebiet zwischen Sachsen und Brandenburg über Generationen hinweg den Ausbau ihrer Herrschaft betrieb. Der Dreißigjährige Krieg durchkreuzte diese Pläne, und 1815 schließlich wurde Wiesenburg preußisch. Mitte des 16. Jahrhunderts hatte man die Burg bereits in ein **Renaissanceschloß** verwandelt, und im historienseligen 19. Jahrhundert restaurierten die damaligen Besitzer das Ganze und veränderten es im Geschmack der Neorenaissance. Damals entstanden die Terrassen zum Park hin.

Zu DDR-Zeiten war hier eines von zwei Spezialgymnasien der DDR mit erweitertem Sprachunterricht untergebracht. Wer hierherkam, lebte im Internat, hörte morgens russischen Rundfunk und las russische Zeitungen. Absolventen konnten als Sprachstudenten an der Universität das erste Studienjahr überspringen.

Den **Schloßhof** sollte man sich ansehen, auch wenn ein Teil des Sandsteinschmuckes der Renaissanceportale an den vier Flügeln erst aus dem vorigen Jahrhundert stammt – der Gesamteindruck ist doch sehr stimmig; besonders sehenswert ist der **Hofbrunnen** von 1609. Auf den **Turm** sollten Hauptstadtbewohner unbedingt steigen, um, flachlandgebeutelt und erhebungssüchtig, über die Waldhügel zu blicken und sich, berlinisch, »wie verreist« zu fühlen.

Rabenstein. Die dritte Flämingburg ist Rabenstein – die abgelegenste und sicher diejenige, die unserem Klischee von der »Ritterburg« am meisten entspricht. Wie Belzig und Wiesenburg hat sie vielen DEFA-Filmen als Kulisse gedient. Man verläßt Belzig in südlicher Richtung auf der B 102, biegt bei Kublowitz rechts ab Richtung Kranepuhl und gelangt nach 14 Kilometern ans Ziel. Besitzt Belzig eher den Charakter einer Festung, Wiesenburg den eines Schlosses, ist **Rabenstein ganz und gar Burg**. Heute dient sie zuweilen **Ritterspielen** als Hintergrund. Menschen, die ganz normal per Auto anreisen, packen Kettenhemd, Schwert und Schild aus dem Kofferraum und hauen nach alten Ritualen aufeinander los; Lieferanten von Waffen und Gerät der Recken haben Konjunktur. **TIP 135**

Rabenstein besteht aus einer Vor- und einer Hauptburg und wurde überwiegend aus **Feldsteinen** errichtet. In der Hauptburg neben der östlichen Einfahrt steht der Bergfried. Wie in Belzig liegt die ursprüngliche Einstiegsöffnung viele Meter (in diesem Falle 15) über dem Boden. Der Flügel, der sich nach Westen an den Bergfried anschließt, ist im Kern mittelalterlich, in wesentlichen Bauteilen aber aus dem 18. und 19. Jahrhundert. Nach Westen schließt der sogenannte **Rittersaal** die Anlage ab, ein Feldsteinbau, dessen Kern aus dem 13. Jahrhundert stammt.

In der Burg befindet sich heute eine **Jugendherberge**.

Wer auf den Turm steigt, kommt an einer tief in das mehrere Meter dicke Mauerwerk hineingehauenen Burgkapelle vorbei. Oben sieht man über die tiefen Wälder des Fläming hin, aber auch das kleine Dörfchen **Raben** am Fuße des Burgberges liegen, im Quelltal der Plane. Eine Spaziergangsempfehlung: Am wiederaufgebauten Brunnen vorbei steigt man unter alten Laubbäumen zu Tal, darf die Butzenscheiben und das Fallrohr des einstigen Toilettenerkers der Herren auf Rabenstein studieren und gelangt in das verlassene Dörfchen mit einer **spätromanti-**

schen Feldsteinkirche. Bis zur Plane sind es jetzt nur noch ein paar Schritte, bachaufwärts führt ein Weg zu sumpfigen Wiesen: die Quelle. Das eisenhaltige Wasser färbt die Blätter der Pflanzen am Uferrand rötlich ein. Das stille Raben ist sicher der kontrastreichste Ausgangspunkt für einen Ausflug in das Schlösser- und Gartenparadies an der Elbe, denn größer könnte der Kontrast kaum sein zu jener Welt, die einst ein kulturelles Zentrum Deutschlands war.

TIP **WÖRLITZ.** Parks und Schlösser leben vom Entrée, von der Inszenie-
136 rung des Ankommens. Schöner als in Wörlitz gelingt das selten. Man ver-
137 läßt die Autobahn Richtung Leipzig bei Coswig und folgt durch das alte
138 Städtchen den Hinweisschildern zur Elbfähre. Vor einem fließt der Strom.
139 Mit jedem Wagen, der über die klappernde Rampe rollt, liegt das Gefährt tiefer im Wasser. Es ist eine »Gierfähre«, motorlos wird sie von der drängenden Strömung zum anderen Ufer getrieben. Dabei erfährt der Besucher bereits etwas Wichtiges über das Wörlitzer Gartenreich, nämlich, daß es ein Geschenk des Flusses ist. Aus Altwassern und Deichbrüchen der Elbe sind die **Wörlitzer Parkweiher** entstanden. Entlang der hohen Glasfenster einer Orangerie gelangt man vor den **Gasthof »Zum Eichenkranz«**. Schon zu Zeiten des fürstlichen Parkgründers wurde es notwendig, den vielen bewundernden Besuchern ein Unterkommen zu bieten. Die Toreinfahrt des leider zur Zeit nicht bewirtschafteten Hotels, sicher des ältesten so wenig veränderten in Deutschland, bildet zugleich das Stadttor des kleinen Ortes, der seit 240 Jahren von Schloß und Garten lebt. Aber zunächst verzichten wir auf die Durchfahrt, lassen das Städtchen rechts liegen und wandern, an der Gondelstation vorbei, in den Park zum nahen Schloß: Eine **Gondelfahrt** (schwere Eisenkähne für jeweils ein Dutzend Passagiere) sollte man übrigens auf keinen Fall versäumen. Nicht nur, weil man damit im Kielwasser aller prominenten Besucher von einst schwimmt (auch Goethe hat sich hier rudern lassen), sondern weil sich die **Sichtbezüge und Naturpanoramen** des Parks vom Wasser aus anders und besonders reizvoll darbieten. Es gibt wenige Landschaftsgärten mit größeren Wasserflächen als Wörlitz, jeder Teil der Anlage ist auch per Schiff zu erreichen – manche sogar ausschließlich. Auch wer die Gondeln links liegen läßt, wird beim Parkrundgang immer wieder kleine Fähren in Anspruch nehmen müssen.

TIP Das **Schloß** sieht ein bißchen nach »Vom Winde verweht« aus, wie
137 eine große Villa der Plantagenzeit in den Südstaaten der USA: weiß und mit einem gewaltigen Säulenportikus. Wörlitz war **der erste klassizistische Schloßbau in Deutschland**. Aber nicht Scarlett O'Hara begegnet einem auf dem Rasen davor, sondern ein Onkel des Erbauers.

Für ihn steht ein Gedenkstein auf dem Rasen, die »Dietrichsurne«, denn jener Onkel hatte den Gründer erzogen, als dieser, jung verwaist, einen Vormund und einen Mentor brauchte. Nicht der sorglose Reichtum eines Sklavenhalters breitet sich vor dem Besucher aus, sondern die Anstrengungen eines wohlhabenden deutschen Kleinfürsten, der in schlechten Zeiten seinen Untertanen (ganze 35 000!) ein besseres Leben bieten wollte. Kann man das mit einem Schloß und einem Park? Damals ging das. Denn es war nicht bloß ein Park. Es war ein Programm. Das Programm zweier Männer, des Fürsten (später Herzog) **Leopold III. Friedrich Franz von Anhalt-Dessau,** noch zu Lebzeiten von den Untertanen liebevoll »Vater Franz« genannt (1740–1817), und des sächsischen Freiherrn **Friedrich Wilhelm von Erdmannsdorff** (1736–1800), der dem Fürsten als Architekt, Minister und Anreger diente und ihm ein Freund gewesen ist, der einzige, wie Fürst Franz rückblickend feststellte. Beide waren gemeinsam als junge Männer in England und Italien gereist und hatten sich für englische Landschaftsgärten ebenso begeistert wie für die Möbeltischlerei und Raumausstattungen englischer Handwerker sowie die Architektur des Renaissance-Baumeisters Palladio. Programm war ihnen **Jean-Jacques Rousseaus** »Zurück zur Natur« (eine Insel im See trägt dessen Namen und zeigt eine Kopie seines Grabmals). Das Schöne sollte vor allem immer mit dem Nützlichen verbunden sein: ein Programm der Aufklärung. 1763/64 begann die Arbeit an den Anlagen des Wörlitzer Gartens, 1769 bis 1773 baute man das Schloß hinein.

Die **Fürsten von Anhalt-Dessau** befanden sich in einer günstigen Lage. Im Gegensatz zu fast allen anderen deutschen Kleinfürsten waren sie reich, da es ihnen frühzeitig gelungen war, den Adel als grundbesitzende Schicht auszuschalten. Einen nennenswerten Bauernbesitz gab es auch nicht: Der überwiegende Teil der Ländereien gehörte dem Landesherrn selbst, der auf seinen Domänen schalten und walten konnte und nach englischem Vorbild die modernsten Anbau- und Wirtschaftsmethoden einführte; der riesige Besitz wurde sehr profitabel. Am Ende seiner langen Regierungszeit (1758-1814) hatte sich das Ländchen in eine Art großes Mustergut verwandelt, durchzogen von Parks und von Alleen, die jene miteinander verbanden. Das Schöne war tatsächlich mit dem Nützlichen verbunden worden und das Programm so weit erfüllt wie irgend möglich.

Noch vor Parks und Bauten hatte der Fürst ein pädagogisches und soziales Programm begonnen. In Dessau bildete das »Philanthropinum« junge Leute auf völlig neuen Grundlagen aus: Anschaulichkeit, Freiheit von Zwang und Praktikabilität des Gelernten standen im Vordergrund.

Das Armenwesen war vorbildlich, ein großes Waisenhaus in Dessau war der erste Bau von Friedrich Franz.

TIP 137 **Schloßbesichtigung**. Das Schloß ist gar keines. Der Fürst hatte den Architektenfreund Erdmannsdorff ein »Landhaus« entwerfen lassen, wie es etwa ein gebildeter Fabrikant in England sich bauen mochte. Zunächst einmal spielt das Palästchen mit dem Besucher Altertum, hinter den Säulen des Portals folgt ein runder, plastisch ausgemalter Kuppelsaal, dahinter liegt ein glasüberdachter Lichtschacht. Erdmannsdorff hatte ein Atrium schaffen wollen wie in den Häusern der Antike. Allein das Wetter war meist nicht danach, und so überdachte man den kleinen Hof. Im Uhrzeigersinn folgen zwei Räume mit **Chinoiserien**.

Der **Speisesaal** mit weißem Stuck und sehr plastisch gemaltem Wandschmuck schließt sich an. Hinter Säulen ein Becken zum Händewaschen, ohne Abfluß, aber das Wasser plätscherte über die Hände der Gäste, ohne daß scheinbar ein Lakai bemüht werden mußte. Der arbeitete im Keller, an einer aus England mitgebrachten Pumpe.

Auch in Wörlitz herrschte wie überall in den Schlössern des 18. Jahrhunderts zunächst einmal Italien (Stukkateure, Maler waren meist Italiener), vor allem aber herrschte in Wörlitz England. Und das war neu. Fürst und Baumeister hatten sich die Insel genau angesehen und die Höhe der Zivilisation kennengelernt, wie sie meinten. Der Fürst berichtete später, er sei erst dort mit dem richtigen Gebrauch des Bestecks bei Tisch vertraut geworden. Wohl auch mit der Hygiene. Das Schloß besaß ein Bad im Keller (leider vor Jahrzehnten abgerissen). Vor allem hatten beide, Fürst und Architekt, gelernt, daß es viel zu lernen gab jenseits des Kanals. Man nahm beim nächsten Mal die begabteren Tischlermeister der eigenen Residenz mit und ließ sie hinterher Tafel und Stühle im Speisesaal anfertigen, Chippendale made in Dessau.

Die **Räume an der Nordseite** haben den See vor den Fenstern. Man erblickt das **Nymphaeum** auf der anderen Seite des Sees, ein den Wassergöttern geweihtes Tempelchen. Sichtachsen geben auch immer wieder Blicke frei auf andere Bauten des Parks; an den Wänden Seidentapeten, nur wenige sind original erhalten: Seide hält nicht sehr lange. Vier Prachträume folgen hintereinander, ihre geöffneten Türen ergaben die für das gesellig wandelnde Gespräch der Gesellschaften im 18. Jahrhundert so unverzichtbare »Enfilade«, die Zimmerflucht. Auf der Morgen-, der Ostseite, dann die **Räume des Herrscherpaares**, zunächst die der Fürstin, ein enger Salon, dahinter das Schlafzimmer. Höhepunkt dieses Flügels ist die **Bibliothek**, zugleich Arbeitszimmer des Fürsten, der Buchbestand leider noch in unserem Jahrhundert antiquarisch verkauft. Die Wandtäfelung zeigt Geistesgrößen, ein paar wenige Medail-

Wörlitzer Schloß

lonfelder ließ man frei: für jene Denker, die vielleicht noch kommen mochten.

Im dahinterliegenden Schlafzimmer des Fürsten sieht man noch einmal, wozu das Englandstudium der Dessauer Tischler gut gewesen war. Man hatte sich Schiffsmöbel angesehen, in Britannien fuhren viele anspruchsvolle Herren zur See. Der praktischen, raumsparenden Möblierung hatte England viel Gedankenfleiß gewidmet. Das Fürstenbett enthielt nicht nur einen großen, herausfahrbaren Schreib- und Arbeitstisch, sondern ließ sich auch mit einigen Handgriffen in ein zweischläfriges Lager umrusten.

Das Wörlitzer Schloß stand von Anfang an dem Volk zur Besichtigung offen. Hoch und niedrig. Das brachte für die Bewohner einige Ungemütlichkeit mit sich.

Auch der **Park** ist nie eingezäunt gewesen. Jeder sollte hierher kommen und etwas mitnehmen können: die Kenntnis einer neuen Obstsorte etwa, die der Fürst um das Gotische Haus, seinen Privatwohnsitz, herum ziehen ließ. Oder die Entdeckung eines kunstgeschichtlichen Details an einem der zahlreichen Parkbauten. Es gab mythologische Bezüge zwischen den Endpunkten der unzähligen Sichtachsen, ein Spiel mit Bedeutungen, die sicher auch damals nicht gleich jeder verstand, die sich jedoch Besuchern erläutern ließen und an die man Betrachtungen knüpfen konnte über Vernunft, Tugend und das Ideal des Schönen, das man in der Antike verkörpert sah, für die Erdmannsdorff so viele Beispiele auf Hügeln, an Wegen, in Schneisen errichtet hatte.

Parkrundgang. Links neben der Zufahrt von Coswig her liegt **Neumarks Garten,** benannt nach dem ersten Wörlitzer Gärtner. Ein **Südseepavillon** am Eingang war den damals neuen Entdeckungen des englischen Kapitäns James Cook in der Südsee gewidmet und enthielt eine ethnographische Sammlung. Die interessierte Bevölkerung bekam so Zugang zum neuesten Stand der Erkundung der Welt.

Ein Bibliothekspavillon daneben (heute Andenkenstand) bot eine frei zugängliche Bibliothek zur Gartenkunde.

Ein **Labyrinth** (1783/84) im Südteil der Insel soll den Wanderer Weisheit lehren: Nicht wer dem Offensichtlichen folgt, gelangt unbedingt ans Ziel, der richtige Weg liegt oft im Verborgenen. Ein Pfad führt außen um die Insel herum, gestalterisches Prinzip auch aller übrigen Gartenteile; man sieht das Inselchen mit Rousseaus Grab im See liegen und setzt mit einer Fähre erst auf die kleine Roseninsel, dann nach **Schocks Garten** über. Johann Leopold Schock der Ältere (1728–1793) war nicht nur Hofgärtner des Fürsten, sondern auch sein Schwiegervater; Franz hatte mit dessen Tochter Luise mehrere Kinder.

TIP 137 Mittelpunkt von Schocks Insel ist das **Gotische Haus** (Baubeginn 1773). Wörlitz bedeutete nicht nur den Beginn des klassizistischen Schloßbaues in Deutschland, auch die Gotik wurde hier wiederbelebt. Für Franz bedeutete sie die Besinnung auf die eigenen, deutschen Wurzeln, auf jene Zeit, als sein Land einst entstanden war. Anregung für die Wiederbelebung der spätmittelalterlichen Bauweise war jedoch ebenfalls England (trotzdem hat die Kanalseite einen italienischen Bau, die Kirche Maria dell'Orto in Venedig, zum Vorbild), die Gartenseite des Hauses orientiert sich an englischer Tudorgotik, und die Formen des Turms an der Nordwestecke entlehnte Architekt Erdmannsdorff dem Rathaus in Breslau.

Die Vielfalt hatte Methode. So bot der Bau immer wieder andere Bilder, wenn er von entfernten Punkten aus durch die schmalen Blickschneisen leuchtete, die im englischen Landschaftsgarten so wichtigen »Sichtachsen«. Um das Haus herum weidete seinerzeit Vieh, und an Obstbäumen wurden Versuche zur Veredlung angestellt. Die Räume waren mit gotischen Elementen geschmückt und dienten als Rahmen für Sammlungen mittelalterlicher Malerei und Glasfenster. Hauptraum ist der »Rittersaal«, der jedoch nichts Militärisches an sich hat. Absicht war, den Kapitelsaal eines Kartäuserklosters nachzuahmen.

Das gotische Haus bewohnte der Fürst mit der ihm »zur linken Hand«, wie man das nannte, angetrauten Tochter seines Gärtners Schock.

Gotisches Haus im Wörlitzer Park

Vom Nymphentempel, dem Nymphaeum am östlichen Ufer der Insel, war schon die Rede. Nördlich davon findet man den **Warnungsaltar** mit der ältesten Naturschutzmahnung Deutschlands: »Wanderer, achte Natur und Kunst und schone ihre Werke«; später hieß es in deutschen Parks dann schlichter: »Bürger, schützt eure Anlagen!«.

Zu Schocks Garten gehört neben der Insel noch der **Floragarten** (die weiße Brücke hinüber folgt chinesischen Vorbildern) mit dem **Floratempel**; dem Bau der Fruchtbarkeitsgöttin zu Füßen wachsen die Blumen in einem Fruchtbarkeit verheißenden Beet: Es hat deutlich die Form eines Phallus (im Frühjahr pflegt man hier Männertreu und Stiefmütterchen zu pflanzen).

Eine **Kettenbrücke**, die nichts für ängstliche Gemüter ist (das genau war die Absicht der Erbauer) führt in ein kleines Zauberreich, nämlich zu einem künstlichen, 1781 errichteten Felsgebilde: unterhalb der Brücke der **Wohn- und Schlafraum des Eremiten** (Kerzen, Bücher, Urnen, Totenschädel gab es hier einst zu sehen), der **Betplatz des Eremiten** und schließlich die **Zelle des Mystagogen,** des Hüters von Geheimlehren zur Weisheit, von Mysterien, in die der Wanderer erst eingeführt werden mußte; eine Ideenwelt, ganz ähnlich der in der wenige Jahre später entstandenen Oper »Die Zauberflöte« von Mozart und der des weit verbreiteten Illuminatenordens.

Ein paar Schritte oberhalb liegt der **Venustempel**, von dem aus man weit über die Elbauen blickt. Am **Kleinen Walloch** vorbei gelangt man zum **Großen Walloch**, beide aus Deich(=Wall)brüchen der Elbe entstanden; hier steht das **Pantheon**. Dreigeschossig und mit Säulenvorbau, beherbergte es eine in den 1790er Jahren in Italien erworbene Antikensammlung.

Im Roten **Wallwachhaus**, ein Stückchen weiter, werden bis heute Gerätschaften zur Deichpflege aufbewahrt; der Fürst bewohnte zuweilen die beiden oberen Zimmer. In das Walloch wurden seinerzeit zwei Inseln integriert: die **Insel der Totenerinnerung** mit Freisitzen und Vasen zu besinnlichem Aufenthalt und die **Amalieninsel,** gerade wieder hergestellt, mit der Amaliengrotte.

Man hat damit die **Neuen Anlagen**, eine weitläufige, von Schocks Sohn geschaffene, sparsamer geschmückte Parklandschaft, fast umrundet.

Vorbei am **Piemonteser Bauernhaus** gelangt man in den südöstlichen Winkel des Gartens zur **Insel Stein.** Eine verrückte Sache. Halb Affenfelsen, halb Filmkulisse. Oben erkennt man einen kegelförmigen Schornstein, denn manchmal mußte nachts der Vesuv ausbrechen. Unten konnte man mit den Gondeln in Grotten fahren. Im Moment ist der »Stein« baufällig und gesperrt, die aufwendige Restaurierung scheint in weiter Ferne zu liegen.

Am Ufer geht es zum Schloß zurück. Hier liegt die von Erdmannsdorff als Rundbau entworfene **Synagoge**. Sie ist von vielen Stellen der Anlagen aus zu sehen. Ein Hinweis auf das Prinzip der Toleranz. 1938 wurde die Inneneinrichtung zerstört; als man das Gebäude selbst vernichten wollte, setzte sich der damalige Gartendirektor Hallervorden (Vater des Komikers) zur Wehr. Die Synagoge blieb erhalten, ihr Retter wurde entlassen.

Hier bei der Synagoge kann man mit der Amtsfähre zu einem weiteren Gartenteil übersetzen, dem **Weidenheger** mit der **Knieenden Venus**, dem **Wurzelhaus** und der Plastik des **Dornenausziehers**.

Der Rundgang endet wieder in Wörlitz. Abgesehen vom Schloß dominiert auch im damals geschaffenen Bezirk um die Kirche die Neugotik: Marstall, Galerie, Probstei und das Graue Haus, Privatwohnung der Gemahlin des Fürsten, bilden ein Ensemble um die Kirche St. Peter (1200), das zusammen mit dem Rasen des ehemaligen Friedhofs um die Kirche nun tatsächlich an England erinnert.

Wer nach Wörlitz kommt, sollte sich – Reiseführer hin, Reiseführer her – einer Führung anschließen: Es scheint so etwas zu geben wie einen »Wörlitzer Geist« (der übrigens auch in den anderen Schlössern um Dessau zu spüren ist). Selten habe ich so begeisterte wie kenntnisreiche Plauderer auf Führungen erlebt wie eben hier. Daß eine Gondelfahrt obligatorisch sein sollte, sei dem Leser noch einmal ans Herz gelegt.

ORANIENBAUM. Die Zeitreise verläuft rückwärts. Ein paar Kilometer hinter Wörlitz, Richtung Dessau, herrscht noch das Barock: Oranienbaum, ein Schloß samt Park, dazu eine Stadt, ein Städtchen. Eine Neugründung, wie sie damals nicht selten war, erbaut 1683 bis 1698 durch den niederländischen Baumeister Cornelius Ryckwaert, der auch schon den Plan für Schwedt an der Oder in Brandenburg geliefert und im Nachbarland Zerbst Schloß und Kirche der Residenz gebaut hatte. Johann Georg II. von Anhalt-Dessau (1627–1693) war seit 1659 mit Henriette Katharina von Nassau-Oranien (1637-1708) verheiratet, die den seit dem Dreißigjährigen Krieg wüsten Ort Nischwitz 1673 in Oranienbaum umbenannte: Der Orangenbaum war das Wappenzeichen der Oranier.

TIP 137 139

Alles ist hier anders als in Wörlitz. Das Abbild der absolutistischen Herrscheridee benötigte für das Schloß als Zentrum der Macht die Stadt als ein Gegenüber, um so die hierarchische Ordnung der Welt abzubilden. Rechtwinklige Straßen, zwei Kirchen auf ovalem Grundriß. Die lutherische ist seit 1920 Wohnhaus.

Schloß Oranienbaum

Die barocke Stadt gehörte dem Schloß, die Einwohner waren bloß die gottgewollten Untertanen und noch nicht Zielgruppe aufklärerischer Bemühungen des Fürsten wie in Wörlitz. Sie bildeten, grob gesagt, eine Art Zubehör zum Herrscherhaus: Mitten auf der Straße vom Markt zum Schloß steht deshalb auch der – eiserne – Orangenbaum, wie gesagt das Wahrzeichen des Hauses Oranien. Neun Blätter zeigen die Fruchtbarkeit Henriette Katharinas: Neun Kinder brachte sie zur Welt. Der Baum wurde errichtet, als das neunte geboren war: nach acht Mädchen endlich ein Junge! Der gelangte später zu einiger Berühmtheit: Fürst Leopold I. zu Anhalt-Dessau, besser bekannt als »Der alte Dessauer«. Mit elf Jahren schon Soldat, brachte er es in preußischen Diensten bis zum Feldmarschall und half dort dem Soldatenkönig, die Armee aufzubauen.

TIP 137 **Das Schloß** ist eine dreiflügelige Anlage. In den unverputzten Kavaliershäusern links und rechts hat man die Fachwerkkonstruktion des Ganzen sichtbar gelassen. Damit wird weniger die Einfachheit betont als vielmehr die Pracht des Hauptflügels hervorgehoben. Zu betreten ist Schloß Oranienbaum für Touristen nicht: Es wird als Archiv genutzt. Ein kleines Museum in einem Seitenflügel gibt Auskunft über die Geschichte. 1945 hat der Bau weniger Glück gehabt als Wörlitz und Mosigkau. Zwar blieb das Äußere erhalten, aber die Möbel und das übrige Interieur gingen verloren.

Aber auch der **Park** lohnt das Kommen. Weniger sein barocker Teil, schnurgerade und symmetrisch läuft die Achse vom Schloß bis zum Ende – lehrreicher Kontrast, wenn man zuvor in Wörlitz war. Von herausragender europäischer Bedeutung jedoch ist der (vom Schloß aus gesehen) rechter Hand gelegene **chinesische Garten**: Auf einer Insel steht ein chinesisches Haus mit Schweifdach, Brücken führen zu Inseln, und am Ende, wieder nahe beim Schloß, reckt sich eine leibhaftige Pagode in die Baumkronen.

1793 bis 1797 hatte Fürst Franz einen bestehenden barocken Inselgarten zu dieser chinesischen Landschaft umgestalten lassen; ein weiteres Stück im Wörlitzer »Museum der Weltkultur«. Die Ausstattung des Gartenhauses ähnelte jener der mit Chinoiserien geschmückten Wörlitzer Räume; Wand- und Deckenmalereien haben sich erhalten, sind aber derzeit nicht zu besichtigen; Teile des Mobiliars gelangten nach Mosigkau.

Kurz vor Erreichen der Dessauer Stadtgrenze weist ein Schild den Weg zum **Luisium**, dem an der Mulde gelegenen Park der Gemahlin des Fürsten Franz, **Luise Henriette Wilhelmine** (1750–1811). Ihr hat Wilhelm von Erdmannsdorff 1774 bis 1778 ein Landhaus errichtet, das als sein gelungenstes Werk gilt. Ein würfelförmiger Baukörper, eine behutsam gegliederte, fast schmucklose Fassade, das Pyramidendach gekrönt von einem Belvedere.

Die Idee der Innengestaltung war, einen Tempel der weiblichen Tugend zu schaffen. Im Speisesaal zeigen Deckengemälde nach Entwürfen des Architekten Religion und Tugend auf einem Regenbogen, dazu Unschuld, Sanftmut, Reinheit der Seele, Bezähmung der Begierden, Mäßigkeit, Ehre, Treue, Demut: kein feministisches Programm. Sehr reiche Bildfolgen schmücken auch die Wände: Musen, Genien, Früchte der Tafel.

Im Obergeschoß befanden sich die Privaträume der Fürstin, darunter als Garderobe ein Spiegelkabinett, das als einziger Raum dieses Sommerhauses heizbar war. Derzeit werden alle Innenräume restauriert.

Der Park – einst anders als in Wörlitz – war Fremden zwar jederzeit, Einheimischen jedoch nur montags und freitags zugänglich. Er enthält neben einem neogotischen Gartenpavillon einen Faunen- und einen Pegasus-Brunnen, eine Grotte mit Aussichtsplattform, Orangerie, Ruinenbogen und Hermen; nicht deuten lassen hat sich das **Verschleierte Bildnis**, ein verhülltes Frauenantlitz gegenüber dem Ruinenbogen.

Im Wirtschaftshof befand sich die Wohnung des Hofgärtners Johann Friedrich Eyserbeck, dessen Söhne in Potsdam, Berlin und Jena wirkten.

DESSAU ist keine schöne Stadt. Bombenangriffe ein paar Wochen vor Kriegsende haben ihr den Garaus gemacht. Relativ unbeschadet hat das **Georgium**, der Besitz des Bruders des Fürsten Franz, Johann Georg (1748-1811), die Zeiten überdauert. Als Orientierungspunkt kann der Dessauer Bahnhof gelten. Wenn man von ihm aus auf der Puschkinallee die Gleise überquert hat, ist man praktisch schon da (Parkplatz ausgeschildert); Hinweise »Tiergarten« sollten einen nicht verwirren, ein Teil des Georgiums wird als Zoo genutzt.

TIP 136 137 138 139

Im Tierpark sieht man das 43 Meter hohe **Mausoleum der Herzöge von Anhalt** aufragen (Architekt Franz Schwechten). Gegenüber bewachen zwei Sphingen den Zugang zum **Landhaus,** wie auch dieses Schloß genannt wurde. Auch hier war Erdmannsdorff der Architekt (1780); 1893 wurde das Haus durch seitliche Anbauten vergrößert, die die Proportionen verschoben, die ursprünglich denen des Landhauses der Fürstin Luise ähnelten; auch hier entdeckt man das Belvedere, den typischen Ausblick in der Dachspitze. Heute steht im Haus die Anhaltische Gemäldegalerie mit einer bedeutenden Sammlung deutscher und niederländischer Malerei des 15. bis 19. Jahrhunderts Besuchern offen.

Ein paar Schritte in westlicher Richtung liegen das **Fremdenhaus (Graphiksammlung)** und ein **Ionischer Tempel**, ein Monopteros von

Blumengartenhaus im Georgium

zehn Säulen. Von hier aus konnte man seinerzeit ein Bauwerk sehen: die Pyramide am Gänsewall, die auch vom Luisium zu sehen war. Damit war eine der **optischen Verbindungslinien** geschaffen, die die Wörlitz-Dessauer Gärten zur Einheit werden ließen.

Der Park erstreckt sich anderthalb Kilometer weit nach Norden zum Elbufer. Roter Bogen, Weißer Bogen, Vasenhaus, Ruinenbrücke bieten Fixpunkte der zahlreichen Sichtachsen. Die Wallwitzburg, eine Miniaturburg und der Elbpavillon bieten noch wie einst zur Entstehungszeit weite Ausblicke in die Elbniederung.

TIP 137 Nun **Mosigkau**, das man vorbei an schönen Industriebauten der einstigen Junkers Werke erreicht. Intim. Nicht groß. **Schloß und Park.** Die Erbauerin, Anna Wilhelmine (1715–80), war eine von fünf Töchtern des »Alten Dessauers« und sein Liebling. Die Tante des Wörlitzer Wohltäters. Eine kompakte Dame mit Humor, wie die Porträts zeigen, unverheiratet und in späteren Jahren dem Dessauer Bier sehr zugetan, von bläulicher Gesichtsfarbe, wie die Fama sagt und die Maler es kaum anzudeuten wagten. Vielleicht lag es auch in der Familie. Denn der Alte selbst, Soldat von Kindesbeinen an, mit steiler Karriere und einem langen erfolgreichen Feldherrnleben, soll – des ständigen Aufenthalts im Freien halber – gegen Ende auch ins Blaue geschlagen haben.

Diese Tochter jedenfalls wurde reich ausgestattet. Drei Güter, die etwas einbrachten. Das Schloß war solide finanziert. Der Park, ein großer Garten nur, noch einmal mit dem beliebten Spiel des Rokoko: einem **Labyrinth aus Hecken** für das Sichverstecken und das Sichfindenlassen. Die drei Flügel des Hauses umschließen einen Ehrenhof. Man kann es nicht beweisen, viel deutet aber darauf hin, daß Wenzeslaus von Knobelsdorff das Schloß entworfen hat, der Architekt von Sanssouci. In dem Seitengebäude standen einst Pferde und Kutschen, dort wohnten die Bediensteten, heute ist hier die Verwaltung untergebracht, die Kasse und ein hübsches **Café/Restaurant »Zum Kleinen Prinzen«.** Im Hauptflügel Seidentapeten, Stuckarbeiten, Möbel des Wundertischlers Röntgen aus Neuwied (ja, der Gelehrte, der ein paar Generationen darauf die Menschheit mit jenem Durchleuchtungsverfahren beschenkt hat, stammt aus der gleichen Familie). Zwei Dutzend Räume, Zentrum der zweigeschossige **Gartensaal**: Dicht an dicht hängen hier die Gemälde niederländischer Maler des 17. Jahrhunderts und deutscher des 18. Jahrhunderts.

Nicht nur die Qualität der Stücke, sondern vor allem die erhaltene Hängung machen den europäischen Rang dieses Bildersaales aus; in Deutschland ist so etwas in dieser Vollständigkeit nur hier zu sehen.

Mosigkau, gerade einmal gute zehn Jahre älter als Wörlitz, zeigt noch eine völlig andere Welt, die des Rokoko, zu dessen bedeutenden – und am unverfälschtest erhaltenen – Schöpfungen das Schloß in Mittel- und Norddeutschland zählt.

In Mosigkau stand nicht mehr Repräsentation im Mittelpunkt wie in Oranienbaum und noch nicht die Aufklärung wie in Wörlitz, sondern Verfeinerung des Lebensstils, höchste Vollendung der Interieurs, die in allen Einzelheiten aufeinander abgestimmt wurden. Der Park war nicht mehr Unterwerfung der Natur und noch nicht volkspädagogische Einrichtung, sondern ins Freie verlagerter Gesellschaftsraum.

Als Anna Wilhelmine 1780 starb, vererbte sie Schloß und Güter den unverheirateten Töchtern des Adels, den armen vor allem: ein **Damenstift**. Uns Heutigen klingt das kurios, etwas abseitig, nach Betschwestern. Es war nicht so. Ein mitgiftloses Mädchen von Adel heiratete so schnell keiner, ihr blieb bloß das triste Dasein der unverheirateten Tante irgendwo im barmherzigen Schoß einer weiten Verwandtschaft. Da war Mosigkau ein Paradies.

Für sieben Damen war Platz in den hohen, weitläufigen, allerdings schlecht heizbaren Zimmern; Mosigkau war ja nur als Sommerschloß gebaut. Die Güter als wirtschaftlicher Hintergrund sorgten für Küche und Keller sowie für eine ziemlich auskömmliche Apanage. Starb eine der Stiftsdamen, rückte eine Bewerberin nach; das war selten der Fall, die Mosigkauer Lebensverhältnisse müssen sehr gesund gewesen sein.

In einhundertsiebzig Jahren sind insgesamt nur 46 »Fräulein« in den Genuß der wohltätigen Einrichtung gekommen. Unter dem Sozialismus wurden die Güter verstaatlicht; seit 1951 ist Mosigkau **Museum**. Damals mußten die Damen im Dienerflügel zusammenrücken. Immerhin ließ man sie weiter im Schloß wohnen, und auch ihre Bezüge sollen noch aus Anteilen von Pachtgebühren aus dem einstigen Stiftsbesitz bestritten worden sein. 1968 verstarb die letzte von ihnen, ein Fräulein von Lettow-Vorbeck, aus der Familie des berühmten Afrikagenerals.

Der Fürst-Franz-Weg. Es sei noch kurz auf eine weitere Parkanlage hingewiesen: **Großkühnau**, nordwestlich Dessaus in den Elbauen. Begonnen vom Sohn des Fürsten Franz, Prinz Friedrich (1769–1814), der jedoch noch vor dem Vater starb und die Fortsetzung seinem Sohn überließ, der die fast 80 Hektar große Anlage vollendete. Die Restaurierung steht noch aus. Viel ist zerstört oder verschwunden, das Schloß seit Jahrzehnten unzugänglich.

Erwähnt wird Großkühnau, weil der 45 Kilometer lange Fürst-Franz-Weg, Teil des 272 Kilometer langen Wanderwegenetzes von Anhalt und des Internationalen Fernradweges R1, auch hierher führt. Die Route führt entlang der Elbe über Vockerode bis nach Wörlitz und berührt dabei immer wieder Punkte, die im Zuge des Landesausbaus des Fürsten geschaffen wurden – nicht jedoch Oranienbaum und Mosigkau, die zwar zur »Vorgeschichte« von Wörlitz, nicht aber zu den Schöpfungen von »Vater Franz« gehören.

Wörlitz und das Dessauer Elbegebiet sind Teil des **Biosphärenreservates »Mittlere Elbe«** der UNESCO.

TIP 137 **Das Bauhaus.** Siebzig Jahre alt, wirkt das Gebäude, als sei es – von einem guten Architekten und guten Handwerkern – gestern erbaut. Oder vor zwanzig Jahren. Oder vor vierzig. Es ist zeitlos. Es ist schön. Deshalb wurde es auch in die Liste »Weltkulturerbe« der UNESCO aufgenommen.

Im Tiefgeschoß gibt es eine **Studentenkneipe**. Dem Großstädter, der in Dessau übernachten muß, sei sie als Zuflucht empfohlen, denn in der Stadt selbst herrscht weitgehend Ödnis. Den Begriff **Bauhaus** hat jeder schon einmal gehört. 1919 wurde die **Hochschule für Bau und Gestaltung** von **Walter Gropius** in Weimar gegründet; Vorläuferin war eine großherzogliche Akademie, die bis 1914 von dem Jugendstil-Designer van de Velde geleitet worden war. Aber im traditionellen Weimar gab es mit den jungen Modernen schnell Krach. Die Dessauer Stadtoberen sahen eine Chance und luden die Institution ein. Das war

1925. In den folgenden zwei Jahren entstand in Dessau dann das schöne Gebäude. 1932 kam es auch hier zu Ärger. Die Nazizeit kündigte sich an. Die Hochschule versuchte noch einmal einen Neuanfang in Berlin, dort wurde sie 1933 aufgelöst. Einer der Bauhauslehrer, der Ungar László Moholy-Nagy (sprich: Mohli Notsch), gründete vier Jahre darauf in Chicago das »New Bauhaus«.

Das Gebäude umfaßt den **Werkstattflügel mit einer berühmten Glasfassade** (die meist fotografierte Ansicht), den **Berufsschultrakt** und das **Ateliergebäude** mit auskragenden Balkonen. Eine Brücke über die Straße und ein Zwischentrakt mit Mensa, Bühne und Aula verbinden die Gebäudeteile untereinander.

Heute befinden sich im Dessauer Bau, von Walter Gropius seinerzeit entworfen, Räume der Fachhochschule Dessau, und damit werden an traditionellem Ort auch wieder Bauleute ausgebildet. Für die Schule ist es allerdings bloß ein Provisorium, denn eigentlich dient das Gebäude der Stiftung Bauhaus Dessau als Sitz.

Wie umfassend der Auftrag war, den sich das Bauhaus selbst gegeben hatte, zeigt die kleine **Ausstellung im ersten Stock**: Möbel, Elektrogeräte, Teppiche, die gesamte Alltagskultur sollte gestaltet werden. Wer Lust auf noch mehr Bauhaus hat, der kann in die Ebertallee fahren, zu den **Meisterhäusern.** Gropius hat hier für sich und andere Bauhauslehrer Wohnstätten gebaut. Im einstigen **Haus des Malers Lyonel Feininger** befindet sich heute das **Kurt-Weill-Zentrum Dessau**; der

Basuhaus Dessau: Feininger-Haus

Komponist – mit dem Bauhaus hatte er nichts zu tun – stammte aus Dessau. In den vergangenen Jahren hat man das Gebäude innen und außen restauriert. Es stellt sich wieder so dar wie zu Zeiten des Malprofessors Feininger: 40 Farbnuancen hatte sich der Künstler für die verschiedenen Wände des Hauses zurechtkomponiert; **Besichtigung nur nach vorheriger Anmeldung (Tel.: 03 40/61 95 95).** Weitere Zeugnisse der Architektur des Bauhauses sind: Das **Kornhaus von Hermann Baethe und Carl Fieger** in der Elballee, das **Arbeitsamt von Walter Gropius**, das **Haus des Architekten Carl Fieger** (Südstraße) und daneben das **Stahlhaus von Georg Muche und Richard Paulick**, beide in Nachbarschaft zu **Konsumgebäude und Siedlung Törten von Walter Gropius**; die ein paar hundert Meter weiter (Mittelstraße) gelegenen **Laubenganghäuser** wurden 1930 von der Bauabteilung des Bauhauses im Auftrag der Spar- und Baugenossenschaft Dessau errichtet.

TIP 136 137 138 139 140

WITTENBERG. Etwas flußaufwärts von Wörlitz liegt Wittenberg.

Wittenberg, Luther, Reformation: Worte und Namen, die jeder kennt. Als der Reformator 1546, also vor rund 450 Jahren, starb, war nichts mehr so wie bei seiner Geburt. Europa hatte sich gespalten in Länder, die katholisch geblieben und solche, die protestantisch geworden waren: Weltgeschichte. Wittenberg, die Stadt, in der das alles seinen Anfang nahm, ist nicht weit weg von Berlin. Wo der Fläming zur Elbe hin abfällt, liegt die alte sächsische Residenz: ein Tagesausflug nur.

Kurfürst Friedrich III., »der Weise«, hatte eine mittelalterliche Trutzburg zum Schloß mit einer sehr großen Kirche umgebaut und 1502 eine **Universität** gegründet, wie es damals die Herren aller größeren deutschen Länder taten. An dieser Neugründung wurde **Martin Luther** Professor für Theologie. Der junge Mann stammte aus einer bäuerlichen Familie, die im Bergbau mit Klugheit, Geschick und harter Arbeit wohlhabend geworden war. Martin sollte studieren, denn das würde den sozialen Aufstieg auch der Familie sichern. Als sich der junge Mann entschloß, Mönch zu werden, schienen diese Pläne gefährdet, die Eltern waren entsetzt. Luther ging zu den Augustiner Eremiten, einem asketischen Orden, in dem die Gelehrsamkeit gepflegt wurde und der – damals keine Selbstverständlichkeit mehr – einen guten Ruf besaß.

Unruhige Zeiten. Das Leben der Menschen war beschwerlich, unsicher – vor allem kurz: Was würde nach dem Tod sein? Eine Frage, die damals jeden umtrieb. Die offizielle Kirche gab eine Antwort, die uns heute merkwürdig scheint: Gegen bare Münze verkaufte sie »Ablaß«, eine Art Rabatt auf die Strafen, die Gott nach dem Tode über den einzelnen verhängen würde: »Wenn das Geld im Kasten klingt, die Seele in den Himmel springt«, rief der reisende Verkäufer dieser Gnade. Mit den Einkünften finanzierte man den Petersdom in Rom. Eine Praxis, die viele Menschen in Deutschland ärgerte. Andererseits war der Glaube an diese Art der Sündenvergebung fast ungebrochen: Der Ablaßkrämer konnte nicht über mangelnden Zulauf klagen.

Martin Luther fand das alles schrecklich. Als er von den Anstrengungen des päpstlichen Händlers im nahen Jüterbog hörte, auf der anderen Seite des Fläming und nur eine Tagesreise entfernt, faßte er seine theologischen Bedenken in 95 Thesen zusammen. Sie waren lateinisch geschrieben und eigentlich bloß an die Kollegenschaft gerichtet, auch war ihr Tenor durchaus nicht antikirchlich; Luther argumentierte etwa in die Richtung, daß der Papst gar nicht meinen könne, was der Zettelverkäufer da rede! Aber das Papier traf den allgemeinen Nerv der Zeit derartig, daß sich die Wittenberger Thesen in wenigen Wochen über ganz Deutschland verbreiteten. Wer nicht Latein konnte, ließ sie sich übersetzen, wer nicht lesen konnte, hörte davon. Es war der Anfang der Reformation.

Die Schauplätze der turbulenten Wittenberger Jahre wurden noch zu Lebzeiten Luthers Anziehungspunkte für Besucher. Der evangelische Glaube, der Schluß machte mit allen Heiligtümern, schuf selbst ein neues: Wittenberg. Zu Luthers Lebzeiten reiste man hierher, um sich Rat und Hilfe zu holen, denn der neue Glaube griff überall in das Leben ein; selbst banale Alltagsdinge konnten oft nicht so bleiben, wie es – katholischer – Brauch gewesen war, man holte Rat bei den Gründern. Wer später zum Studieren nach Wittenberg kam, suchte natürlich ehrfurchtsvoll die Gebäude auf, die noch vom Geist der Anfänge erzählten, und auch durchreisende Protestanten besahen sich gern die **Stätten von Luthers Wirken**: die Kanzel, auf der er gepredigt, die Tür, an der er seine Thesen angeschlagen, das Zimmer, in dem er gearbeitet hatte. Das blieb über Jahrhunderte so, und bis heute hat dieses Interesse angehalten. Lutheraner, Gläubige, deren Kirchen sich auf Luther berufen, gibt es in der ganzen Welt zu Millionen, viele Besucher kommen hierher.

Der Tourist hat es einfach: Sämtliche reformationsgeschichtlichen Highlights liegen an einem einzigen (langen) Straßenzug, lediglich die Stadtkirche ist ein paar Schritte von diesem Pilgerweg entfernt, dafür aber unübersehbar mit ihren Doppeltürmen (die Witwe des letzten Türmers wachte noch bis zum Zweiten Weltkrieg von dort oben über die Stadt).

Aus der einstigen **Schloßkirche** ist im vorigen Jahrhundert eine beeindruckende Gedächtnishalle für den Reformator geworden. Besonders nach der Einigung des Deutschen Reiches 1871, als Luther infolge des preußischen Einflusses zu einem Nationalhelden stilisiert wurde, hat man **TIP 138** den mittelalterlichen Raum in diesem Sinne umgestaltet. Jene sagenhafte Tür, an die Luther weiland seine Thesen geschlagen haben soll, sucht man allerdings vergeblich, sie ist längst durch eine neue ersetzt worden.

Vor der Schloßkirche läuft man zum Markt. Kurz davor liegt das **Cranachhaus.** Lucas Cranach (der Ältere, 1472–1553) wurde 1504 als Hofmaler von Friedrich dem Weisen nach Wittenberg geholt. In diesem Amt war er so etwas wie der Chef-Designer des Kurfürsten. Daneben verdiente er als Immobilienspekulant, Haus- und Apothekenbesitzer und nicht zuletzt als Medienunternehmer sein Geld. Gestützt auf die damals erst 50 Jahre alte Buchdruckerkunst verlegte er populäre Bilddrucke und illustrierte Flugschriften. Ohne ihn hätten es Luthers Gedanken schwerer gehabt, volkstümlich zu werden. Er wurde zu einem Parteigänger des Reformators und zum Propagandisten der Reformation.

Das Haus ist noch nicht restauriert, damals wie heute diente es als Mietshaus. Im Hof haben sich in den letzten Jahren Handwerker niedergelassen, zudem finden Aufführungen des Theaters und musikalische Veranstaltungen statt.

Ein paar Schritte weiter am Markt wird derzeit ein weiteres Haus des Malers restauriert. Das Gebäude, ein halbes Jahrtausend lang bewohnt, immer wieder umgestaltet, bereitet den Bauhistorikern manche Überraschung, immer wieder findet man neue bedeutende Ausstattungsreste bürgerlichen Wohnens der vergangenen 400 Jahre. Es soll nach der schrittweisen Fertigstellung kulturellen Zwecken dienen.

TIP 138 Vierhundert Meter weiter gelangt man zum **Melanchthonhaus.** Philipp Schwarzerdt (1497-1560) aus Bretten in Baden lebte ab 1518 als Professor für Griechisch in der Stadt. Seinen Namen hatte er auf Humanistenart gräzisiert zu, eben, Melanchthon. Er verteidigte Luthers Lehre als Publizist und brachte sie in eine systematische Form. Mit dem »Augsburger Bekenntnis« schuf er 1530 eine Grundlage nicht zuletzt auch für den politischen Zusammenschluß der protestantischen Kräfte. Im Haus bekommt man seine karge Studierstube zu sehen und einen Wohnraum studentischer Logiergäste, die Melanchthon (wie jeder Professor damals) gegen Geld im Hause wohnen ließ; an den Wänden haben sie sich mit ihren Namen verewigt.

Ein paar Häuser weiter findet sich das einstige Kloster der Augustiner Eremiten, später Luthers Wohnsitz, heute umfangreiches Reformationsmuseum: das **Lutherhaus**, also Luthers Wohnung, weitgehend original erhalten, dunkle getäfelte Räume, wenige, schwere Möbel.

Luthers Hauptwerk und das wirksamste Mittel für die Durchsetzung der Reformation in vielen deutschen Ländern bildete die Übersetzung der Bibel aus dem Lateinischen in ein kraftvolles Deutsch. In diesen Räumen ist vieles davon entstanden. Deutsche Bibeln gab es schon vor Luther, im Museum sind sie zu sehen, aber keine war in so weiten Teilen des deutschen Sprachraums verständlich wie die Wittenberger, und keine war auch in ihrer Sprache so bildhaft: »Denkzettel« und »Feuereifer« sind Wortprägungen des Reformators, die in den allgemeinen Sprachgebrauch übergingen, ebenso Redensarten, wie »Dorn im Auge«, Fremdwörtereindeutschungen wie »Person«. Begriffe wie »Beruf«, »Arbeit«, »Glaube« bekamen erst durch die Wittenberger Übersetzung ihre heutige Bedeutung.

Dicht am Markt mit dem prächtigen Renaissance-Rathaus (auch heute noch sitzt hier die Stadtverwaltung) liegt die **Stadtkirche St. Marien**. Eine dreischiffige spätgotische Halle. Hier hat Luther jahrzehntelang gepredigt. Das Prunk- und Hauptstück im Innern bildet der Altar, begonnen von Lucas Cranach dem Älteren, vollendet von seinem Sohn, Lucas Cranach dem Jüngeren. Von großem Schauwert sind die Epitaphien, die Grabdenkmäler, die in großer Zahl in Chorraum und Schiff die Wände bedecken. Es sind Selbstdarstellungen der Wittenberger Professoren und Prediger beziehungsweise ihrer Familien. So wie auf diesen aus zwei Jahrhunderten stammenden Tafeln wollte die lutherische Wittenberger Führungsschicht des 16. und 17. Jahrhunderts sich selber sehen: streng auf die Heilige Schrift ausgerichtet, bußfertig, Stellung und Besitz jedoch nicht versteckend. **TIP 138**

JESSEN. Zwanzig Kilometer elbaufwärts von Wittenberg, im Tal der Schwarzen Elster, liegt das Städtchen Jessen. Hier gibt es das **nördlichste deutsche Weinbaugebiet**, das ohne Unterbrechung seit dem Mittelalter Reben kultiviert.

Man läßt Jessen rechts liegen und findet an der Ausfallstraße nach Schweinitz **Winzer, Probierstuben** und **Gastronomie** gut ausgeschildert.

Bis 1815 gehörten die Weingärten dem König von Sachsen, ein Urenkel des letzten Königlich-Sächsischen Winzermeisters lebte noch bis vor 30 Jahren als Weinbauer am Ort. Mitte des vorigen Jahrhunderts reiften Jahr für Jahr auf 500 Hektar Reben; 1930 waren 48 Hektar davon übriggeblieben, heute sind es noch ganze drei. Die erläuternde Tafel bei der alten Weinpresse stimmt nicht mehr; die dort genannte Winzerfamilie Hoffmann hat längst aufgegeben, und damit hätte eigentlich Schluß sein müssen mit dem Jessener Wein.

Aber ein neues Schild, ein paar Meter vom »Bergschlößchen« die Straße hinunter, weist zu **»Döbelt's Weinausschank«** mit dem Zusatz **TIP 139**

»seit 1844«. Nach der Wende hat eine geborene Döbelt im alten Haus die seit 1939 unterbrochene Familientradition wieder aufgenommen und begonnen, Jessener Wein auszuschenken. Schon vor dem Krieg kamen Weintouristen aus Berlin hierher. Jetzt gibt es wieder 40 Plätze unter Dach im alten Weinkeller und jede Menge Platz im Freien. Ein kleiner Weinberg wird selbst bewirtschaftet und trägt Müller-Thurgau, Huxelrebe, Riesling und Portugieser. Kelterung und Abfüllung übernimmt im Moment noch die Winzergenossenschaft Meißen, die auch die Flaschenpreise hochhält.

Von hier sind es ja gerade noch 20 Kilometer nach **Wiepersdorf** zum einstigen Gut des Dichters Achim von Arnim. Er hatte seinerzeit Wein im nahen Ahlsdorf gekauft und schrieb seiner Frau Bettine darüber: »Der Ahlsdorfer Wein vom vorigen Jahr ist trefflich, ich habe einen Eimer davon gekauft, er … schmeckt wie ein gewöhnlicher, d. h. mein ausgezeichneter Jahrgang Aßmannshäuser«. Ahlsdorf ist nur zwölf Kilometer von Jessen entfernt. Aßmannshausen aber liegt, wer's nicht weiß, bei Rüdesheim. Mit dem Ahlsdorfer wurde denn auch ein paar Wochen später der Wiepersdorfer Erntedank des Jahres 1820 gefeiert. Achim berichtete an seine Frau Bettina: »Ich schonte ihn nicht, sondern schenkte fleißig ein, trank auf das Wohl der schönen Tänzerinnen, und diese beantworteten es, indem sie auf Deine Gesundheit tranken. Nun stieg die Wut der Cotillons, Springwalzer, Hopser, so raste alles von 4 Uhr nachmittags bis 2 Uhr morgens, ich hatte die Freude, meine erstarrten Gliedmaßen zu schwenken, und mir wurde sehr wohl in meiner Haut.« Also: viel Vergnügen beim Jessener Wein!

Ab durch die Mitte: Alte Städte im Süden Berlins

Luckenwalde
Kloster Zinna
Jüterbog
Wiepersdorf
Dahme – Luckau
Baruth

Wer in Mariendorf auf der B 101 und in Lichtenrade auf der B 96 Berlin verläßt, fährt auf Alleen, auf deren Bäumen die Habichte hocken, durch hügeliges Land. Das beruhigt die Nerven; sogar im Winter tut es das, wenn die Felder graubraun statt grün und die Straßenbäume kahl sind. Aber jede Chaussee endet einmal, wohin also? Als Ziel bietet sich ein halbes Dutzend alter Städte an, jede mit einer eigenen Geschichte.

TIP 140 141 142

LUCKENWALDE. Darüber, ob die kleine Industriestadt Luckenwalde in einen Reiseführer gehört, läßt sich streiten. Wer den Bauten der viel größeren Industriestadt Berlin nichts abgewinnen kann, der fahre weiter. Wer sich jedoch in der Hauptstadt gern Häuser anguckt, der gönne sich einen Bummel: Luckenwalde ist sozusagen Berlins kleine Schwester. Gründerzeit und Jugendstil, Expressionismus und Neues Bauen, Fabrik und Mietskaserne, alles findet sich hier im Zwergenmaßstab noch einmal.

Luckenwalde liegt, von der Nuthe durchflossen, am westlichen Ausgang des **Baruther Urstromtales**, ungünstig zu den Fernhandelswegen von einst.

Wie kam die Industrie nach Luckenwalde? Mit den Preußen. 1680 übernahm Brandenburg die Herrschaft, und sächsische Tuch- und Zeugmacher sowie Strumpfwirker wurden angesiedelt.

1828 lief die erste Dampfmaschine, 20 Jahre darauf waren es fast ein Dutzend. Bereits 1841 erhielt die Stadt durch die Berlin-Anhalter Strecke Bahnanschluß. Neben der Textilbranche bestanden Firmen der Metallverarbeitung – Mitte des 18. Jahrhunderts arbeitete im nahen Gottow eine Eisenhütte –, des Maschinenbaus, der Möbel- und Papierindustrie.

Die sozialen Verhältnisse waren erbärmlich: In dem nicht gerade großen Haus neben der Kirche, früher Schule, heute die Heimstätte des Heimatmuseums, unterrichteten im vorigen Jahrhundert fünf Lehrer 700 Kinder im Schichtunterricht.

Luckenwalde bietet heute das Bild einer märkischen Industriestadt der ersten Hälfte des nun zu Ende gehenden 20. Jahrhunderts. Der Krieg hat wenig zerstört. Der Sozialismus fügte einige große Plattensiedlungen hinzu, die Industriestrukturen wurden verändert, aber die alten Gebäude meist weitergenutzt.

Die **Schuhfabrik im Süden der Stadt** (Breitscheidstraße) bildet mit Pförtnerhaus, Verwaltungsbau und Werkhalle in den Formen des Neobarock mit Jugendstilanklängen das typische Bild eines Industriebaus der Jahre vor dem Ersten Weltkrieg. Besonders schön ist das Portal des

Seite 53: Blick auf die Nikolaikirche von Jüterbog

zugehörigen Elektro-Werkes, in dessen Tympanon eine blitzeschleudernde Faust als Glasfenster die Buntglasvorliebe des Jugendstils zeigt. Daneben liegt eine Schwimmhalle aus den zwanziger Jahren.

Industrialismus wurde lange als bedrohlich angesehen, man suchte nach Auswegen in der Freizeit. Schräg gegenüber (Auf dem Sande; Schieferling; Alex-Sailer-Straße) hat diese Idyllensehnsucht damals eine Art Pendant zur Altstadt entstehen lassen. Siedlungshäuschen mit Gärten dahinter, Tordurchfahrten und Vorgärten wirken kleinstädtisch.

Einen starken Gegensatz zu dieser »Beschwichtigungsarchitektur« bildet die einstige **Hutfabrik, entworfen von Erich Mendelsohn**. Sie liegt auf dem Gelände des vormaligen VEB Wälzlager (Industriestraße, die vom »Schieferling« abgeht). Man kann sie bloß durch einen Zaun betrachten, charakteristisch sind die Oberlichter, mittlerweile ist die Halle, die bis 1991 noch genutzt wurde, bloß noch eine Ruine; dabei gehört sie zu den wichtigsten modernen Industriebauten des Neuen Bauens. Nur zwei Fabrikentwürfe Mendelsohns wurden verwirklicht (der andere in Leningrad). Die einprägsame Form des Dachaufbaus der Färberei, hinter der sich die Ventilation verbarg, fehlt heute in keiner Architekturgeschichte. Eine Rettung des Gebäudes ist nicht in Sicht.

Angemerkt sei zum Schluß, daß die Welt Luckenwalde mit dem Pappteller, erfunden 1867 von dem Papierfabrikanten Hermann Hentschel, und der APO (= Außerparlamentarische Opposition), 1967 erfunden vom einstigen Luckenwalder Gymnasiasten Rudi Dutschke, große Dinge verdankt.

KLOSTER ZINNA. Ein paar Kilometer weiter, Richtung Jüterbog, liegt das Städtchen Kloster Zinna. Neben Lehnin und Chorin war Zinna einst bedeutendes **Zisterzienserkloster** der Mark, 1170 gegründet von Erzbischof Wichmann von Magdeburg. Die Mönche kamen aus der Zisterzienserabtei Altenberg in der Diözese Köln. Mitte des 13. Jahrhunderts besaß das Kloster bereits Einfluß und Reichtum. Sein Herrschaftsbereich erstreckte sich nach Norden bis zu den Rüdersdorfer Kalkbrüchen. Politisch lehnten sich die Mönche an die Askanier an. Zinna stand bald unter besonderem Schutz der brandenburgischen Landesherren, die häufig im Kloster zu Gast waren.

TIP
140
141
142
143

Den Klosterbauten sieht man die einstige Bedeutung noch an. Die **Kirche**, eine spätromanische Pfeilerbasilika aus bearbeiteten Feldsteinen, wurde um 1230 begonnen. Neben einem Querschiff und dem Hauptchor gibt es vier Nebenchöre, außen mit polygonalen Apsiden geschlossen, die im Inneren rund sind. Die Kirchen der Zisterzienser besaßen keine Türme, sondern begnügten sich mit Dachreitern. Der heutige Aufbau auf der Vierung ist im vorigen Jahrhundert neugotisch verkleidet worden.

Die Gewölbe im Innern sind spätgotisch. Aus dieser Zeit stammt auch die aus Backstein gemauerte Vorhalle. Ein großer Teil der Innenausstattung gehört der nachmittelalterlichen, protestantischen Zeit an. Der Hauptaltar besitzt einen barocken Aufsatz von 1703, die Kanzel wurde 1694 errichtet, der Taufstein stammt aus dem Jahr 1700. Von der mittelalterlichen Ausstattung sind die Sakramentsnische aus Sandstein mit Engelsfiguren aus dem 15. Jahrhundert und Teile des gotischen Chorgestühls aus dem 14. Jahrhundert mit bildlichen Darstellungen erhalten.

TIP 141 Um die Kirche gruppieren sich die **Klostergebäude**, besser gesagt das, was heute davon noch übrig ist. Sie wurden im 14. und 15. Jahrhundert aus Backstein errichtet. Die ehemalige Klausur südlich der Kirche ist im 18. Jahrhundert weitgehend abgerissen worden. Erhalten hat sich der nördliche Teil des Westflügels mit einem kuppelgewölbten zweischiffigen Innenraum, in den sechziger Jahren wiederhergestellt und modern ausgebaut.

Das ehemalige **Siechen- und Gästehaus** bildet mit der neuen Abtei eine Gebäudegruppe, die einen lebendigen Eindruck von dem Bild des Klosters im 15. Jahrhundert vermittelt. Das erste, aus dem ersten Viertel des 14. Jahrhunderts, weist im Norden einen Ziergiebel aus der Entstehungszeit und im Süden einen aus dem 15. Jahrhundert auf; auch hier stammt der Dachreiter allerdings aus dem vorigen Jahrhundert. In der Neuen Abtei ist heute das **Heimatmuseum** untergebracht. Es ist ein zweigeschossiger Bau aus der Mitte des 15. Jahrhunderts. Wie das Siechenhaus besitzt es einen Ziergiebel, allerdings wesentlich prächtiger und von äußerst feiner Gliederung. Im Eingang fällt ein Innenportal mit farbigen Glasursteinen und Rosette auf. Der dahinter liegende dreijochige Raum – heute Kassenhalle des Museums – zeigt Fresken im Kreuzgewölbe. Interessant ist, daß ein Teil des Raumes seinerzeit über eine frühe Fußbodenheizung erwärmt wurde. Eine Wendeltreppe aus der Renaissancezeit führt zu den im ersten Stock gelegenen Ausstellungsräumen, in denen u. a. ein **Modell der gesamten Klosteranlage** zu sehen ist. Der obere Saal war einst Empfangsraum des Abtes und besaß zahlreiche Fresken, von denen einige restauriert sind.

Wohl die bedeutendsten und besterhaltensten **hochgotischen Wandgemälde** in Deutschland östlich der Elbe befinden sich in der Abtskapelle auf demselben Stockwerk. Etwa um 1450 entstanden, zeigen sie das Martyrium des hl. Sebastian, den hl. Bernhard von Clairvaux, den hl. Mauritius und über dem Portal eine Darstellung der Anna Selbdritt, auf der rechten Seite den hl. Andreas. Eine große Darstellung

Kloster Zinna

der Schutzmantelmadonna zeugt von der Marienverehrung der märkischen Zisterzienser am Ende des Mittelalters.

In der Nachbarschaft des Klosters legte Friedrich II. ab 1764 eine **Webersiedlung** an. Wege und Häuser wurden in strikter Geometrie plaziert. Den Mittelpunkt bildete ein achteckiger Marktplatz. Seit ein paar Jahren steht in seiner Mitte wieder das Denkmal des Alten Fritz. Bei den Weberhäusern handelte es sich um Zweifamilienhäuser mit schwarzer Küche und Stube, deren Abmessungen ungefähr fünf mal fünf Meter betrugen und die in ihrer Mitte dem Webstuhl Platz bot. Das Baumaterial der Häuser soll seinerzeit von abgerissenen Klostergebäuden genommen worden sein. In dem ehemaligen Amtsgebäude der Siedlung, der Försterei am Marktplatz, einem barocken Gebäude aus der Gründungszeit, hat sich einer der stimmungsvollsten Landgasthöfe Brandenburgs etabliert, die **»Alte Försterei«**. Bis in die dreißiger Jahre hatte das Gebäude seinem ursprünglichen Zweck gedient und war dann in private Hände gelangt. Die letzte Besitzerin hatte das Haus mit den vielen schlecht heizbaren großen Räumen durch die DDR-Jahre gebracht. Mehrere Familien fanden darin ein Unterkommen. Das alte Prunkzimmer (für den inspizierenden König Friedrich den Großen beziehungsweise hohe Beamte eingerichtet) hatte man geteilt, die Wand ging mitten durch eine Rokokotapisserie mit Schäferinnen und Schäfern (heute im Berliner Schloß Friedrichsfelde). Nach der Wende entschieden sich zwei junge Gastronomen für das Haus und richteten es nach und nach neu her.

TIP 140 141 142 143

JÜTERBOG. Drei Kilometer hinter Kloster Zinna liegt Jüterbog. Statt den Weg Richtung Südwesten über die Autobahn oder die Burgen des Hohen Fläming nach Wittenberg und Wörlitz zu nehmen, kann man auch die B 101 wählen und über Jüterbog fahren.

Durch das Zinnaer Tor gelangt man in eine einst reiche Grenzstadt: *Wer seinen Kindern gibt das Brodt / und leidet nachmals selber Noth / den schlage man mit der Keule todt,* verlautet dort eine Tafel. Über den Ursprung dieses Dreizeilers an den Jüterboger Stadttoren ist viel gerätselt worden. Die Keule hat es auch in anderen Städten gegeben, als Rechtssymbol für den Blutbann, die Hohe- oder Halsgerichtsbarkeit einer Stadt. Mit dem Spruch hatte dieses Zeichen ursprünglich sicher nichts zu tun. Der Reim sollte wohl dazu ermahnen, nicht vorzeitig den eigenen Besitz der Nachkommenschaft zu übertragen und anschließend den Armenkassen in Stadt und Dorf zur Last zu fallen. Er stammt bereits aus dem 13. Jahrhundert. Damals gab es Jüterbog schon lange.

Die Stadt gehörte einst zum Gebiet des Erzbischofs von Magdeburg und wurde bereits 1174 mit Magdeburger Recht ausgestattet. Wegen ihrer Grenzlage geriet sie über Jahrhunderte immer wieder in die Auseinandersetzungen zwischen Brandenburg, Magdeburg und Sachsen. Da sie reich war, versuchte sie, sich durch starke Befestigungen zu schützen. Es gab Wälle und Gräben, die vor der eigentlichen Ringmauer lagen. Die Stadttore besaßen jeweils ein inneres und ein äußeres Tor. Das umgebende Sumpfland bot zusätzlichen Schutz. 39 Türme und Weichhäuser soll es gegeben haben. »Ein deutsches Mantua« hat man Jüterbog damals genannt, eine freundliche Übertreibung.

Die Lage im Grenzgebiet bot Chancen. Als es wirtschaftlich nach dem 15. Jahrhundert bergab ging, blieb die Bedeutung der Stadt als Verhandlungsort bestehen. Mehrfach kam es zu Fürstentagungen zwischen dem 14. und 17. Jahrhundert. Getagt wurde bei solchen Anlässen im Fürstenzimmer des Rathauses. Zu Tisch ging man in einem Gasthof am Jüterboger Marktplatz, der sich später »Zu den Sieben Kurfürsten« nannte. Von ihm hieß es einst, er sei »die beste Herberge so in Deutschland«. Im Dreißigjährigen Krieg brannte er ab. Das ist lange her, viel hat sich auf diesem Gebiet seither nicht getan.

1517 kam der berühmt-berüchtigte Ablaßprediger Tetzel von Berlin über Kloster Zinna in die Stadt. Seine Bußpredigten fanden großen Zulauf, und der Handel mit päpstlichen Ablaßzetteln, die den Erlaß zeitlicher Sündenstrafen (Buße und Reue vorausgesetzt) erwirken sollten, blühte.

Berichte davon drangen ins nahe Wittenberg, wo Martin Luther an der Universität lehrte. Jüterbog wurde gewissermaßen zum äußeren Anlaß für die Reformation (siehe das Kapitel zu Wittenberg).

Im August 1756 ritt Friedrich II. vom preußischen Zinna her in die sächsische Stadt ein und begann so jenen Krieg, der als Siebenjähriger in die Geschichte eingehen sollte. Nach 1815 kam der Ort mit ganz Nordsachsen an Preußen.

Viele der damals frisch gebackenen preußischen Untertanen wären lieber Sachsen geblieben. Das führte andernorts zu Unruhen, z. B. im nahen Dahme. In Jüterbog nicht. Es war kein alter sächsischer Besitz, war immer Grenzstadt gewesen und hatte daraus jahrhundertelang Nutzen gezogen. Daß die Anhalter Eisenbahn bereits 1841 von Berlin aus an dieser Stelle über den Fläming geführt wurde, brachte dem Städtchen wirtschaftlichen Nutzen. Man war zufrieden mit Preußen.

Den Preußen pflegten die Soldaten zu folgen. Jüterbog hat es da ganz besonders getroffen. Der Militärfiskus erwarb im vorigen Jahrhundert große Gelände nordwestlich der Stadt. Im Dritten Reich wurden die Anlagen ausgebaut, schließlich befand sich hier vor seiner Flucht im April 1945 auch das inoffizielle Oberkommando der Wehrmacht. Dann übte an gleicher Stelle 45 Jahre lang die sowjetische Armee. Schwerfällig und langsam verläuft die Rückgewinnung dieses Klein-Rußland in zivile Sphären.

Bis heute liegt die Stadt im alten **Mauerring**; wer auf die Türme der Stadtkirche steigt, erkennt es noch gut. Große Teile der Stadtbefestigungen aus dem ausgehenden 13. und frühen 14. Jahrhundert mit Mauern, Weichhäusern, Mauertürmen und Toren haben sich erhalten. Allerdings nur in ihrem unteren Teil. Die Mauerkronen sind verschwunden.

Beim **Dammtor** steht vom Haupttor noch der Rundturm, die Durchfahrt fehlt. Aber an dem erhaltenen Vortor, das zu Ende des 15. Jahrhunderts aus Backstein errichtet wurde, kann man die spätgotische Befestigungsarchitektur mit Blenden, Gitterfriesen und Zinnenkranz noch gut erkennen. Ähnlich beim **Neumarkter Tor**, wo vom Haupttor der Rundturm stehen blieb und am zweigeschossigen Vortor die gleichen Architekturdetails zu sehen sind. Am besten erhalten ist das **Zinnaer Tor** im Norden, mit Durchfahrt und zwei Türmen.

Als reiche Stadt baute sich Jüterbog ein prachtvolles **Rathaus**. 1493 wurde von Meister Merten der Gerichtslaubenvorbau in Backstein mit Kreuzrippengewölbe und Ziergiebel zur Marktseite vollendet. Er war wohl noch für den Vorgängerbau geplant worden. Das heutige Haus wurde um 1500 begonnen, ein zweigeschossiges Backsteingebäude mit hohem Satteldach und ausgeprägten Schaugiebeln nach Osten und Westen.

An der Nordostecke findet sich das **Standbild des Heiligen Mauritius**, 1508 aus Sandstein von Meister Michel geschaffen, heute durch
TIP 141 eine Kopie ersetzt. Das Original steht im **Heimatmuseum**, dem ehemaligen Abtshof des Zisterzienserklosters Zinna; hier wohnte der Abt des Klosters, wenn er sich in der Stadt aufhielt, und hier lebten und arbeiteten seine städtischen Beamten. Es ist ein eingeschossiger Backsteinbau mit Treppengiebel, das Erdgeschoß besitzt ein Kreuzrippengewölbe; wie das Rathaus ist der Abtshof um 1500 entstanden.

Innerhalb des Mauerringes blieb der **mittelalterliche Stadtgrundriß** unverändert, die heutigen Gassen hat es so auch damals schon gegeben. Die heutige Bebauung ist etwa 150 Jahre alt. In der Großen Straße 81 und Dammtor 23 haben sich **Ackerbürgerhöfe** vom Anfang des vorigen Jahrhunderts erhalten, deren zweistöckige Fachwerkställe mit überstehender Oberlaube eine typische Bauweise aus dem Fläming zeigen.

Die Doppeltürme der **Pfarrkirche St. Nikolai** mit unterschiedlichen Turmhelmen prägen das Jüterboger Stadtbild und sind weit über Land zu sehen. Die Türme sind durch eine Brücke miteinander verbunden. Im Nordturm befand sich früher die Türmerwohnung. Der letzte Wächter hat 1918 sein Amt aufgegeben. 216 Stufen sind es bis oben. In sechs Meter Höhe wurde vor einiger Zeit am Südturm eine mittelalterliche Sonnenuhr entdeckt. Der Schattenstab ist verschwunden, nur ein kleines Loch in der Mauer geblieben, aber deutlich sichtbar verläuft der Stundenbogen mit zwölf Linien. Die Kirche selbst wurde in der zweiten Hälfte des 14. und im 15. Jahrhundert errichtet. An den Längsseiten des Schiffes finden sich zweigeschossige Kapellen aus der zweiten Häfte des 15. Jahrhunderts. Sehenswerte Stücke der Innenausstattung: die Renaissancekanzel aus dem Jahre 1608, ein Taufstein vom Ende des 15. Jahrhunderts und – besonders schön – ein Sakramentshaus aus Sandstein von 1507. Bemerkenswert für das städtische Selbstbewußtsein ist die Nordempore mit dem z. T. verglasten Ratschor. Die Nikolaikirche soll einmal 30 Altäre besessen haben. Davon ist nicht mehr allzu viel übrig. Vom alten Hochaltar finden sich nur noch Teile. In der Nordkapelle steht ein um 1520 in der Werkstatt des Lucas Cranach entstandener Beweinungsaltar. Blickt man von der Mitte des Kirchenschiffes zum Eingang zurück, sieht man den Orgelprospekt aus dem Jahre 1728; erst kürzlich restauriert, erstrahlt er in den Farben Gold, Weiß und Silber, die Orgel stammt vom berühmtesten Orgelbauer der Mark, Joachim Wagner.

Das Innere mittelalterlicher Kirchen war meist farben- und ornamentreich geschmückt. Drei Phasen ornamentaler und figürlicher Ausmalung aus dem 14. und 15. Jahrhundert wurden in St. Nikolai festgestellt und restauriert.

Dammtor in Jüterbog

Älter als die Kirche St. Nikolai ist die **Pfarrkirche St. Marien** in der sogenannten Dammvorstadt, eine spätromanische Pfeilerbasilika mit kreuzförmigem Grundriß aus Backsteinen, im frühen 13. Jahrhundert errichtet. Reste spätgotischer Wandmalerei haben sich erhalten, ein barocker Altaraufsatz, ein spätgotischer Taufstein und eine Renaissancekanzel.

Auch die Franziskaner besaßen eine Niederlassung in Jüterbog, mitten in der Stadt ein **Klostergebäude** und eine dreischiffige spätgotische Hallenkirche mit einschiffigem Chor, begonnen 1480 und 30 Jahre später, 1510, vollendet. Die Kirche stand lange leer. Vor rund 15 Jahren hat man den Innenraum renoviert und in dieser sehr schönen Umgebung die Stadtbücherei und einen **Konzertsaal** eingerichtet; treibende Kraft war eine Bürgerinitiative.

Von Jüterbog aus sei eine **Fahrt über den Kamm des Flämings** empfohlen. Man gelangt so zur weiter vorne vorgeschlagenen Südwestroute mit Belzig, Wiesenburg, Raben, wenn man nicht vorher in Marzahna Richtung Wittenberg abbiegt. Der Reiz der Tour besteht in dem weiten Hügelland, karg und einsam, wie nicht mehr ganz von dieser Welt, und den **sehr alten Feldsteinkirchen** der kleinen Dörfer. Der

Fläming wurde vor 700 Jahren von Flamen, daher der Name, besiedelt. Damals entstanden die Kirchen aus dem Baumaterial, das zur Verfügung stand: Granitbrocken, die der Boden beim Pflügen preisgab, »Feldsteinen«. Faustregel: Je sorgfältiger das Mauerwerk ausgeführt wurde, vor allem wenn die Steine nicht im gerundeten Urzustand, sondern mit glatt behauener Sichtseite und schmalen Fugen verarbeitet sind, desto älter ist der Bau. Auch dicke nach außen vorspringende Mauerstützen, Strebpfeiler, sind für besonders alte, spätromanische Kirchen charakteristisch. Oft mischen sich späte und frühere Formen. Kriege, Verfall, Wiederaufbau haben allenthalben Spuren hinterlassen: Wie groß das Dorf einst war, ob seine Böden gute oder schlechte Ernten brachten, wie geschickt Bevölkerung und adliger Kirchenherr bei Baumaßnahmen verfuhren und hundert andere Zufälligkeiten haben jede Flämingkirche über die Jahrhunderte zu einem Individuum werden lassen. **Niedergörsdorf, Gölsdorf, Seehausen, Marzahna, Hohewerbig,** die Namen ließen sich vervielfachen, jede Kirche sieht anders aus, allen gemeinsam ist das Baumaterial. Höhepunkt: das Kirchlein von **Kurzlipsdorf**. Etwas abseits der Dorfmitte auf einem Hügel, die niedrige mittelalterliche Pforte in der monumentalen Westwand zugemauert, die Fenster auf der Nordseite unverändertes 13. Jahrhundert; am Fuße des Bauwerks begräbt die Gemeinde seit sieben Jahrhunderten ihre Toten.

Es gibt jedoch noch einen historischen Aspekt. Diese Flämingtour führt nämlich gleich hinter Jüterbog über ein entscheidendes Schlachtfeld der Befreiungskriege gegen Napoleon. Die **Bataille de Juterbog** am 6. September 1813 wird in der deutschen Geschichtsschreibung nach dem Dorf genannt, wo sie geschlagen wurde, und der siegreiche General von Bülow durfte sich hinterher **Graf von Dennewitz** nennen. An der Dennewitzer Dorfstraße steht ein Denkmal mit Versen Ernst-Moritz Arndts, aber schöner ist das **von Schinkel entworfene Eisengußdenkmal**, zu dem eine alte Allee (nicht zu verfehlen, weithin sichtbar) rechtwinklig von der Straße nach Niedergörsdorf wegführt. Es steht auf jener strategisch entscheidenden Hügelkuppe, deren Eroberung durch die zu den Fahnen geeilten Einwohner die Landwehr zum Sieg führte. Bewaffnete Bürger und Bauern, das war damals etwas völlig Neues, das im Geruch des Revolutionären stand, von vielen Berufsoffizieren mit Argwohn betrachtet.

Auch das pittoreske **Försterhaus** an der Allee ist ein Entwurf Schinkels.

Im übrigen: Das Schlachtgeschehen zog sich weit hin, auch in den anliegenden Dörfern prallten die Feinde aufeinander, manchmal tobte der

Kampf sogar in der Kirche um den Altar, wie in Gölsdorf. An der Sprache konnte man den Feind übrigens nicht unbedingt erkennen, denn auf französischer Seite kämpften auch die Truppen jener deutschen Länder, die immer noch mit Napoleon verbündet waren.

TIP 141 143

WIEPERSDORF. Von Jüterbog fährt man Richtung Luckau auf der B 102 und biegt bei Nonnendorf nach Wiepersdorf ab. Weit erstreckt sich das Land, in sanften Schwüngen. Der kleine Ort erweckt den Eindruck größter Einsamkeit. Mitten im Ort liegt das **Schloß**. Es wurde 1731 bis 1738 auf spätmittelalterlichen Fundamenten errichtet. Ein zweigeschossiger Putzbau mit am Ende des 18. Jahrhunderts hinzugefügten kurzen Flügeln. Unter hohen Walmdächern nach Südosten läuft ein Wirtschaftsbau auf die Straße zu. Der Park ist zugänglich, und wir gehen auf der rechten Seite um das Schloß herum in den Park.

Um 1880 wurde die Gartenfront des Schlosses mit einem übergiebelten Mittelrisalit und einem von Säulen getragenen Balkon, davor eine große Terrasse, in neubarocker Form umgebaut. Zu jener Zeit entstanden auch die Orangerie und die zahlreichen barocken Freiplastiken aus Italien und Süddeutschland. Aufgestellt wurden außerdem neben dem Schloß fünf Caillot-Figuren, skurrile, karikierende Barockplastiken.

Neben dem Schloß die **Gutskirche**, im Kern spätmittelalterlich, daneben die umfriedete **Familiengrabstätte** der hiesigen Arnims. Die berühmtesten unter ihnen sind **Bettina von Arnim** (1785–1859) und **Achim von Arnim** (1781–1831).

Achim von Arnim, aus einem alten märkischen Geschlecht, sein Vater war zeitweilig Intendant der Königlichen Oper in Berlin, ist als Herausgeber der romantischen Sammlung deutscher Volkslieder »Des Knaben Wunderhorn« berühmt geworden. Bettina von Armin aus Frankfurt am Main war die Schwester des Dichters Clemens Brentano.

1811 heiraten Achim und Bettina und leben drei Jahre, von 1814 bis 1817, in Wiepersdorf. Die Arnims waren befreudet mit den Brüdern Grimm. Wilhelm Grimm, der die beiden zu Anfang ihrer Ehe in Wiepersdorf besuchte, berichtete dem Bruder über das Leben des jungen Gutsbesitzerpaares: »Die Kinder werden fast wie Bauernkinder aufgezogen und laufen in Kitteln, deren Zeug Bettina selbst gewebt … Arnims Haus ist geräumig und der Garten daran und der Wald von Birken dahinter schön, doch ist jenes inwendig ziemlich verfallen, war aber mit Pracht und eigentlich fürstlich eingerichtet. Zimmer mit purpurseidenen Tapeten und reichen Goldleisten und getäfelter Boden. In seiner Stube liegt ziemlich alles untereinander. Die Bettina führt die Haushaltung selbst, hat alles Schwere, zum Beispiel gutes Kochen, leicht erlernt,

Im Schloßpark von Wiepersdorf

hat aber keine Lust an diesem Wesen ... Beiden wäre zu wünschen, daß sie aus dieser Lebensart herauskämen.« Bald darauf, drei Kinder sind geboren, verläßt Bettina das Gut und lebt fortan meist in Berlin. Ihr Mann bleibt, treibt Landwirtschaft, verdient das Geld für die Familie in der fernen Stadt und schreibt in der Nacht seine Werke.

Über 25 Jahre unterhalten sich beide zwischen dem fernen Schloß auf dem platten Land und den bescheidenen Stadtwohnungen in Berlin in Briefen. Unter dem 19. September 1820 schreibt Achim an Bettina: »Ich denke nirgends an Dich so oft wie hier, wo wir miteinander recht schöne Tage lebten, die du leider vergessen hast. Schimpfe nicht auf mein armes Gut bei den Leuten und verhöhne es nicht, es tut mir wehe, ich habe keine Eitelkeit darauf, aber ich weiß doch, daß Gras und Bäume grün und der Himmel blau ist, und das Gefühl von Eigentum soll niemand kränken, denn es hängt im Menschen mit dem Heiligsten zusammen, mit Treue und Glauben.«

Als Arnim 1830 im zwanzigsten Jahr ihrer Ehe stirbt, trauert Bettina sehr. Sieben Kinder hat sie geboren und großgezogen. Auch wenn sie nie auf Dauer miteinander leben konnten, haben sie sich sehr geliebt. Durch den Tod Arnims befreite sie jedoch auch sich selbst, jetzt erst konnte die Herrin von Wiepersdorf – als die sie sich allerdings selten verstanden hat – ihrerseits als Autorin hervortreten.

Die heutige Gestalt von Schloß und Park geht auf einen Enkel Achims und Bettinas zurück, den Maler **Achim von Arnim** (1848–1891), der, durch eine Erbschaft zu Geld gekommen, einen Atelierflügel anbaute, die Orangerie errichten und den Park anlegen und mit Plastiken ausstatten ließ.

1945 wurde vor allem die Inneneinrichtung des Hauses schwer beschädigt, teilweise vernichtet. Die Arnims wurden enteignet. Seit 1947 ist Wiepersdorf Erholungs- und Arbeitsort für Künstler, in gewandelter Form bis heute. Seit 1992 kommen Stipendiaten hierher, um im Haus oder den angeschlossenen Werkstätten und Ateliers zu schreiben, zu malen oder zu komponieren. Die Idee, das Schloß zu einer Arbeitsstätte für Künstler umzuwandeln, hatte übrigens 1945 die Malerin Bettina Encke, eine geborene Bettina von Arnim. Über einen kommunistischen Bekannten, der während des Krieges in Wiepersdorf Zuflucht gefunden hatte, gewann sie die Behörden in Ostberlin für den Einfall, gehen mußte sie trotzdem, nachdem man ihr zunächst noch Neubauernland aus dem aufgeteilten Gutsbesitz zugewiesen hatte.

DAHME. Die Kleinstadt mit derzeit kaum 5 000 Einwohnern liegt an der Straße von Jüterbog nach Luckau. Dem Besucher bietet sich ein geschlossenes Stadtbild aus dem 19. Jahrhundert. Hier befand sich einst der Übergang über eine sumpfige Niederung des Flusses Dahme, der in der Nähe entspringt und den Berliner als Nebenfluß der Spree kennen, in die er bei Köpenick mündet. Im 12. Jahrhundert stand hier eine deutsche Burg. Die Ritter von Dahme gehörten zu den Lehnsleuten des Erzbistums Magdeburg. Im Prager Frieden von 1635 gelangte die Stadt an Kursachsen, von 1657 bis 1746 war sie Residenz der Herzöge von Sachsen-Weißenfels. Anfangs diente das (zu DDR-Zeiten zerstörte) Schloß nur als Witwensitz, aber zwischen 1719 und 1746 residierte hier Herzog Johann Adolf II.

TIP 140 141 142 143

Am **idyllischen Töpfermarkt** liegt das sehr sehenswerte **Heimatmuseum** in einem stattlichen Fachwerkbau, ursprünglich einmal Bürgermeisterhaus. Es gehört zu den besten heimatkundlichen Sammlungen der Mark. Anders als in vielen märkischen Museen, die vierzig Jahre als Stätten der historischen Volksbildung dienen mußten und ihre Gegenstände entsprechend dröge und belehrend darbieten, quellen die Säle und Zimmer über von Gegenständen des Dahmer Alltags von einst.

TIP 141

Man sollte sich Zeit lassen. Neben den üblichen Schätzen jedes Heimatmuseums, den Trachten, Zunftladen und Handwerksstücken, wird vor allem der **Blaudruck** dokumentiert, ein altes Verfahren zum Bedrucken von Stoffen, bis in unser Jahrhundert hinein Grundlage der bäuerlichen Kleidung. Das Museum zeigt eine komplette Werkstatt und besitzt 500 Modeln, Stempel für die Stoffmuster, ungefähr so viele wie ein Handwerksmeister brauchte, um arbeiten zu können. Das Museum erinnert auch an zwei Dahmer, die weit über ihren Geburtsort hinaus bekannt wurden. Der erste ist Otto Unverdorben, Sohn einer Kaufmannsfamilie, der sich selbst zum Chemiker ausbildete. 1826 entdeckte er im Dachbodenlaboratorium des väterlichen Hauses das Anilin, den Ausgangsstoff für die synthetische Herstellung von Textilfarben, der die Massenproduktion farbiger Stoffe ermöglichte und damit eine buntere Mode. Eine Erfindung von Weltbedeutung, an der allerdings andere verdient haben. Die Gedenktafel am Geburtshaus Hauptstraße 28 hat 1926 neben der Stadt die Badische Anilin- und Sodafabrik (BASF) bezahlt. Otto Unverdorben begründete übrigens auch die Dahmer Zigarrenindustrie. Auch hierüber, über die zahlreichen Meister des gerollten Tabaks – die Dahmer Davidoffs gewissermaßen – gibt die Sammlung Aufschluß.

Größere Anerkennung zu Lebzeiten als Herr Unverdorben erfuhr sein wenige Jahre jüngerer Zeitgenosse, der Münzen- und Medaillenmacher Friedrich Wilhelm Kullrich. Mitte des vorigen Jahrhunderts studierte er an der Berliner Akademie der Künste unter Schadow. Später arbeitete er in Belgien, Frankreich, Bayern und der Schweiz. Nach Berlin zurückgekehrt, entwarf er als »Königlich Preußischer Hof- und erster Münzmedailleur« nicht nur die Geldstücke Preußens, sondern auch die vieler anderer Länder.

Wer vom Museum zum Gründerzeit-Rathaus läuft und dort die Hauptstraße überquert, findet eine alte Bäckerei mit einem Nebenstübchen, in dem man Kaffee trinken kann. Die Einrichtung stammt aus der Zeit um den Ersten Weltkrieg, **ein Hauch Kaffeehauskultur** im märkischen Sande für alle, die Nostalgisches mögen, als Empfehlung.

Übrigens: Nicht erst heute, wo viele Dahmer in die Großstadt der Arbeit halber pendeln, bildet die Hauptstadt einen Ziel- und Lebensort für Menschen aus dem Niederen Fläming. Noch vor ein paar Generationen lebten so viele gebürtige Dahmer in der Metropole, die meisten davon Frauen, die als Dienstmädchen in Stellung waren, daß sie in Berlin ihren eigenen Verein hatten.

Sechs Kilometer südlich von Dahme liegt **Lebusa**. Die Kirche des Dorfes wurde in der ersten Hälfte des 18. Jahrhunderts vom Baumeister des Dresdner Zwingers, Daniel Pöppelmann (1672–1736), entworfen, die Orgel vom berühmtesten deutschen Orgelbauer des 18. Jahrhunderts, Gottfried Silbermann (1683–1753) gebaut. Gegenwärtig bemühen sich Verbände und Vereine, Kirche und Orgel zu retten.

Heimatmuseum in Dahme

Wer von Dahme etwa weiterfährt Richtung Luckau, dem sei der Umweg längs des jungen Flüßchens gleichen Namens, der Dahme, empfohlen, über Prens-, Görs- und Liebsdorf, Liedekahle nach **Krossen**; eine angenehme Tour durch hügeliges Land, bestens geeignet für Radfahrer. Wer Spaß an technischen Denkmälern hat, kann dabei den **Dahmemühlen** nachforschen, denn das Wasser des Wiesenflüßchens trieb einst viele Schaufelräder an, um Getreide zu Mehl zu mahlen. Manche sind ganz ruiniert wie in Prensdorf und Görsdorf, andere noch funktionsfähig wie das 70 Jahre alte Werk in **Liedekahle**, und die **Krossener Mühle**, die 1991 ein neues Rad bekommen hat, arbeitet sogar noch. Von Krossen gelangt man über Ziechau und Gießmannsdorf nach Luckau.

LUCKAU. Das ehemalige **»Stadtcafé«** der HO (in jeder Stadt gab es eins) am Markt befindet sich wieder in den Händen des einst enteigneten Cafetiers; die Innenausstattung ist zum Teil schönster Art-déco-Stil. **TIP 140 141 142**

Die Bezeichnung des Städtchens Luckau an der Berste als »Rothenburg der Niederlausitz« sollte man schnell vergessen. Einzige Parallele: ein hübsches Städtchen, in dem die Zeit stehengeblieben ist. Im Mittelalter, vor allem im 14. Jahrhundert, war Luckau eine bedeutende und reiche Stadt, Hauptort des Markgrafentums Niederlausitz. Nach schweren Zerstörungen im Dreißigjährigen Krieg erlebte es Anfang des 18. Jahrhunderts eine kurze Nachblüte und versank anschließend in einen Dornröschenschlaf. Nicht einmal die Eisenbahn wurde über Luckau geführt, die Stadtväter hatten sich gegen die Neuerung gesträubt.

Aus dem Mittelalter ist die große Stadtkirche St. Marien und Nikolai geblieben, heute etwas abseits vom Zentrum gelegen, sowie Teile der Stadtbefestigung. Der **Marktplatz** mit hübschen Stuckfassaden aus den Jahren nach 1700 erinnert an Sachsens Herrschaft zu jener Zeit, die Häuserfronten sind die Attraktion von Luckau. Mitten auf dem Platz steht ein merkwürdiges Ensemble, eine kleine Kirche und daneben ein riesenhafter Turm: die barock überbaute kleine **Georgenkapelle**, Anfang des 13. Jahrhunderts errichtet, daneben der **Hausmannsturm** aus dem 15. Jahrhundert, bis zum 17. Jahrhundert immer wieder erhöht und verändert. Vom Hausmannsturm hatte man in Kriegszeiten einen guten Überblick. 1945 war hier der Beobachtungsposten des militärischen Kommandanten von Luckau, der Gott sei Dank Übersicht genug behielt, den Russen die Stadt kampflos zu übergeben, nachdem diese einige Warnschüsse abgefeuert hatten. Sonst könnte man sich das Herfahren vermutlich schenken.

Die Häuser Markt 13, Markt 30 und Markt 32 sind **Beispiele barocker Fassadengestaltung**. Die dreigeschossigen Häuser zeigen reich geschmückte Volutengiebel, die Portale sind an die Seite gerückt, und die Fassaden wurden durch italienische Stukkateure mit phantasievollem, südländisch heiterem Rankenwerk versehen. Geschwungene Giebel, wie man sie auch in Cottbus und anderen Städten findet, sind typisch für die Lausitz. Markt 6, Markt 16 und Markt 29 seien als Beispiele genannt. Im Haus Markt 22 befindet sich die ehemalige Löwen-Apotheke, die im Gegensatz zu den Häusern mit Volutengieben mit der Traufe zum Platz steht; auch diese Fassade zeigt Stuckdekor. Eine Inschrift verkündet, die Apotheke sei eingerichtet worden »cum privilegio Regto Polonico et electorali saxonico« im Jahre 1699. Damals war der sächsische Kurfürst zugleich König von Polen. Das Haus Nr. 15 auf der Westseite des Marktes verläßt sich statt auf Latein auf hintersinniges Deutsch: *Wenn dieses Haus so lange steht, bis in der Welt der Neid vergeht, dann steht es nicht gewisse Zeit, dann steht es bis in Ewigkeit.* Man blicke sich um: Nirgendwo sonst in den Städtchen der südlichen Mark Brandenburg scheint der heitere Geist des alten Sachsen auch nach fast zwei Jahrhunderten preußischer Herrschaft so gegenwärtig wie hier auf dem Luckauer Markt.

Noch etwas deutsche Geschichte: Vor dem **Calauer Tor** im Osten der Altstadt befindet sich an der Außenseite des Torturms eine Tafel, auf der zu lesen steht: *Am 4. Juni 1813 besiegten vor diesem Tor preußische* *und russische Soldaten in treuer Waffenbrüderschaft die napoleonischen Besatzungstruppen. Cottbusser freiwillige Jäger standen in vorderster Linie. Im Kampf um die Befreiung vom napoleonischen Joch wurde damit der Vormarsch der Franzosen auf Berlin verhindert.* Die Befreiungskriege gegen Napoleon, auch hier wie in Großbeeren und im Fläming.

Vom Marktplatz in Richtung Norden erreicht man nach wenigen Metern durch ein enges Gäßchen die **Stadtkirche St. Marien und St. Nikolai**. Der riesige Bau scheint die umliegenden Häuser fast zu erdrücken. Seine Anfänge gehen ins 13. Jahrhundert zurück. Damals entstand der Westbau aus Granitquadern, und zunächst dürfte die Kirche eine Feldsteinbasilika ähnlich St. Nikolai in Berlin gewesen sein. Die beiden mächtigen Türme wurden in der Mitte des 14. Jahrhunderts errichtet. Mit dem Bau der jetzigen Kirchenhalle begann man um das Jahr 1375, als Kaiser Karl IV. der Kirche von Luckau eine wertvolle Reliquie – das Haupt des heiligen Paulinus – schenkte.

In diesem Zusammenhang beachte man das **nördliche Chorportal**, auf das man vom Markt aus direkt zuläuft. Die Bögen ruhen auf Konsolbüsten, die als Porträts der Stifter, Kaiser Karls IV. und seiner Gattin Elisabeth von Pommern, gelten. Der Gesichtsausdruck beider Bildnisse und die Lilienkonsolen darunter dienen Kunsthistorikern als Hinweis auf den böhmischen Charakter dieser Portalarchitektur; damals waren die Niederlausitz und ihr Hauptort Luckau böhmisch.

Während des Dreißigjährigen Krieges, 1644, brannte die Kirche völlig aus und verlor ihre mittelalterliche Ausstattung. In den Jahrzehnten danach gingen sächsische Bauleute und Kunsthandwerker daran, den großen Kirchenraum barock auszugestalten. Bemerkenswert sind der Altaraufsatz des Abraham Jäger aus Doberlug von 1670 und die Malerei von Christoph Krause aus Großenheim. Die Kanzel stammt von Andreas Schultze aus Torgau. Als Kanzelträger fungieren Moses und Aaron, an der Treppenstütze findet sich das Relief »Jakob ringt mit dem Engel«. Die Taufe stammt ebenfalls von Abraham Jäger. Erbauer der Orgel ist Christoph Donath aus Leipzig, sie besitzt ein prächtiges, dreitürmiges Rückpositiv, das König David zwischen zwei Posaune blasenden Engeln zeigt. Wenige große Kirchen haben sich mit einer derart geschlossenen barocken Innenausstattung erhalten. Die Atmosphäre ist einzigartig. Als seien die Luckauer von einst nur eben mal hinausgegangen. Auch wer sonst nur selten Kirchen besichtigt, sollte es hier tun!

TIP 140 142 143

BARUTH UND UMGEBUNG. Das kleine Städtchen liegt am Ostrand des Niederen Fläming, der alten Straße Dresden–Luckau–Mittenwalde–Berlin bot sich hier der einzige Übergang. Auch Baruth gehörte einst zu Sachsen. 1596 wurde die Herrschaft Baruth an das Grafengeschlecht von Solms aus der Linie Laubach in Hessen verkauft, das bereits Sonnewalde besaß. Es entstand der Besitz Solms-Baruth, der bis 1945 bestand.

Die Stadt wurde bereits im Spätmittelalter, vor allem aber im 18. Jahrhundert zu einem Zentrum früher Industrie. Es bestanden Leinenwebereien und Böttchereien. Das Fließ trieb Eisenhämmer und Wassermühlen, Teeröfen verarbeiteten das Holz der ausgedehnten Wälder. Zu Anfang des 18. Jahrhunderts siedelten sich Glashütten am Ort an. **Das Schloß,** ein stark veränderter Putzbau aus dem 17. Jahrhundert, dient heute wieder den Grafen Solms als Wohnsitz. Der dahinterliegende Park wurde 1838 nach Plänen des Gartenarchitekten Peter Joseph Lenné angelegt und ist öffentlich zugänglich. Darüber hinaus hat Baruth ungeachtet seiner historischen Bedeutung als Herrschaftsmittelpunkt wenig zu bieten, es besitzt jedoch eine interessante Umgebung.

TIP 141 Zehn Kilometer vom Städtchen entfernt liegt der kleine Ort **Glashütte**, 1716 durch den Grafen Friedrich Sigismund zu Solms-Baruth gegründet. Bis 1980 wurde noch produziert, dann ließ man die Schmelzöfen ausgehen, die klare Masse erstarrte, heute ist die Anlage ein sehr sehenswertes **Industriemuseum**. 1830 erfand man hier ein Verfahren zur Herstellung besonders reinen Milchglases: für Lampenschirme von Petroleumlampen sehr wichtig. Die Produktion stieg auf 200 000 Stück im Monat. Man war sogar auf den großen Welt- und Industrieausstellungen des vorigen Jahrhunderts vertreten: in New York, London und Wien.

Von Wünsdorf aus kann man über Klausdorf an den **Mellensee** fahren (Strandbad, Bootsverleih) oder aber, immer noch ein Geheimtip, nach **Sperenberg**. Der Ort war jahrelang als Flughafenstandort im Gespräch. Früher wurde hier Gips abgebaut. In den ehemaligen Gipsgruben östlich des Dorfes läßt es sich in blaugrünem, herrlich sauberen (und kalten) Wasser vor kantiger Gesteinskulisse gut schwimmen.

Nicht weit ist es auch nach **Teupitz**. Ein verschlafener Ort, der an Sommerwochenenden nur wenig von anreisenden Berlinern belebt wird. Die Kirche geht auf das 14. Jahrhundert zurück, das kleine Rathaus ist ein bescheidener Putzbau des 18. Jahrhunderts. Attraktionen sind der See, auf dem man Dampfer fahren kann, und die einstige Burg mit altem Backsteinturm, Resten der Umfassungsmauer, einem zur Zeit der Romantik erneuerten Rittersaal und dem alten Amtshaus von 1769. Heute ist das Schloß ein Hotel. Wer nicht übernachten mag, kann hier essen und den herrlichen Seeblick – die Burg liegt auf einer Halbinsel – genießen.

Nicht weit ist es auch zum **Motzener See**, wo man auf der Terrasse des **Hotel Residenz** nicht nur herrlich sitzt, sondern auch gut ißt.

Auf halber Strecke: Seen und Wald östlich der Hauptstadt

Beeskow · *Schwielowsee* – **Lieberose** – **Fürstenwalde** · *Rauensche Berge* – **Scharmützelsee**
Bad Saarow-Pieskow – **Kossenblatt**

Auf halber Strecke liegt dieses große, von Seen durchzogene Land sowohl Richtung Osten, zur Oder und zum Schlaubetal hin als auch in südöstlicher Richtung dem Spreewald zu.

TIP 143 144 145 **BEESKOW.** Auf einer Spreeinsel gelegen und noch weitgehend von mittelalterlichen Mauern umgeben, wird Beeskow überragt von der **Stadtkirche St. Marien**, einer Kriegsruine, die gegenwärtig wieder aufgebaut wird. Sie bestimmt die Silhouette der Stadt und, da man sie von fast jeder Ecke aus sehen kann, auch die Atmosphäre. Auch wenn man davorsteht, beeindruckt der mächtige spätmittelalterliche Bau – vielleicht weil er noch immer Ruine ist.

Der Marktplatz mit seinen restaurierten Fassaden macht ein schönes Bild. Beeskow war einst wohlhabend. Stadt wurde es schon im 13. Jahrhundert. Zu Beginn des 14. Jahrhunderts schlug man eigene Münze. Tuchmacherei brachte gutes Geld, ein Stapelrecht schützte den Handel, durchfahrende Schiffe mußten entladen, ihre Waren einlagern und anbieten. Die fast geschlossen erhaltene **Stadtmauer** lädt zum Spaziergang ein, am schönsten ist er im Spätsommer, man läuft dann unter den sich verfärbenden alten Bäumen und blickt auf Gärten, Häuser und die alte Wehrmauer, im Sockelteil aus Feldsteinen, im oberen Bereich aus Ziegeln. Auch Türme der Befestigung stehen noch: der **Luckauer Torturm**, auch **Dicker Turm** genannt, der **Pulver-**, der **Münz-**, der **Storchen-** und der **Darrturm**.

Im Osten schließlich gelangt man zu der vor der Stadt gelegenen Burg, TIP 144 von der ein Bergfried und das daneben liegende »Alte Amt« als mittelalterliche Teile die Jahrhunderte überstanden haben. **Burg Beeskow** ist heute ein Begriff: Schriftsteller, Maler und andere Künstler können sich um ein Stipendium bewerben, um hier zu arbeiten; aus dem Veranstaltungssaal werden regelmäßig Talk-Shows übertragen. Burgherr ist der letzte Kulturminister der DDR in den Monaten vor der Vereinigung, Herbert Schirmer. Er ist nicht zuletzt auch Leiter des Museums in der Burg; hier wird die offizielle Auftragskunst der DDR gesammelt.

Setzt man spreelängs den Spaziergang fort, gelangt man wieder zum Dicken Turm zurück, dem Wahrzeichen Beeskows. Hinter dem dortigen Hospital befindet sich ein Gedenkstein, wichtig für Fontane-Fans.

Die Familie seiner Frau stammte nämlich von hier. Emilie Fontane war eine geborene Rouanet. Ihr Großvater, Jean-Pierre Barthelemy-Rouanet, war Franzose und hatte Frankreich angeblich verlassen, weil er nicht dem Willen seiner Familie folgen und katholischer Priester werden wollte. Er

Seite 71: Kunstauktion auf der Burg Beeskow

Markt von Beeskow und Turm der Marienkirche

ging zu den Preußen in ein Potsdamer Regiment – preußische Werber zogen damals durch ganz Europa – und brachte es später in Beeskow zum Stadtkämmerer. Der Text der Tafel lautet: *Ruhestätte des Stadtkämmerers Jean-Pierre Barthelemy Ronanet der sich in der Franzosenzeit 1806 bis 1813 um die Stadt Beeskow Verdienst erworben durch Milderung der Besatzungslasten ...*

Schwielowsee. Beeskow bietet sich als Ausgangspunkt an für einen Ausflug spreeaufwärts zum Schwielowsee. Man verläßt die Stadt dazu in südlicher Richtung auf der B 168 und biegt drei Kilometer hinter dem Dörfchen Friedland nach rechts ab, Richtung Niewisch. Über Pieskow und Speicherow führt die landschaftlich sehr schöne Strecke nach Goyatz. TIP 144

Der Weg ist hügelig, und rechter Hand taucht immer wieder der Schwielow – nach anderer Schreibweise auch Schwieloch – auf, größter See der Niederlausitz, wie es immer noch heißt, auch wenn ihm einige der wassergefüllten Braunkohlegruben weiter südlich den Rang abzulaufen drohen.

20 Kilometer ist er lang, bis zu zwei breit. Er war nicht immer so groß. Ältere Chroniken wie das Niewischer Kirchenbuch von 1644 sprechen sogar davon, daß es ihn früher gar nicht gegeben hat. Richtig ist wohl, daß er zu seiner heutigen Ausdehnung erst anwuchs, als die Beeskower vor Jahrhunderten darangingen, die Spree für ihre Mühlen zu stauen. In **Goyatz** kann man baden, es bestehen mehrere Campingplätze am Ufer,

aber sonst ist der Schwielochsee ein einsames Gewässer ohne touristische Infrastruktur. Man hat den Eindruck, daß er den Datschenbesitzern und Dauercampern gehört, die sich lange vor der Wende an seinen Ufern niedergelassen haben und hier segeln, angeln oder Motorboot fahren.

LIEBEROSE. Man fährt von Goyatz aus nach Lausfeld (fünf Kilometer) und erreicht dort die B 320 nach Lieberose (acht Kilometer). Das kleine Städtchen wurde 1272 als Lubraz erstmals erwähnt 1302 bestätigt Markgraf Dietrich der Jüngere von der Lausitz der Stadt alle Vergünstigungen, die sie bis dahin erhalten hatte. Später gelangt Lieberose aus der Hand des Landesherren in den Besitz verschiedener Geschlechter, zunächst der Strehla, später der von Schulenburg.

Zum Städtchen gehörte die Herrschaft Lieberose, die zu Beginn des 16. Jahrhunderts neun Dörfer umfaßte. Als die von der Schulenburg 1519 die Herrschaft erwarben, besaßen sie bereits jene von Lübbenau, und Joachim der Reiche erwarb dazu noch die von Straupitz. Joachim ließ den Ostflügel des Schlosses bauen und fügte der **gotischen Stadtkirche** einen Renaissancechor hinzu. Sein Epitaph ist das bedeutendste Kunstwerk von Kirche und Städtchen. Drei Jahre nach Joachims Tod (1594) schufen es die Brüder Michael und Jonas Grünberger aus der sächsischen Bildhauerschule in Sandstein und Alabaster. Heute bildet es den Hochaltar der sogenannten Landkirche. Die Stadt besaß neben der Stadtkirche für die – deutsche – Stadtbevölkerung noch die Landkirche für die wendischsprechende Bevölkerung des Umlands.

Das frühere Schloß war bis zu seiner Beschädigung im Krieg eine dreigeschossige, vierflügelige Anlage aus unterschiedlichen Bauzeiten. Der Kern wurde in der zweiten Hälfte des 16. Jahrhunderts als zweigeschossige Dreiflügelanlage errichtet und beim Stadtbrand von 1657 zerstört. In den Jahren 1688 bis 1695 wurde das Schloß wieder aufgebaut und erhielt dabei barocke Stuckdecken. Der Nordflügel und der nördliche Teil des Westflügels wurden 1945 beschädigt und später abgerissen. Der Uhrturm aus dem 18. Jahrhundert neben der Durchfahrt stürzte 1975 ein.

Auch auf dem Marktplatz von Lieberose mit seinen einfachen Wohnhausbauten in Traufenstellung erinnert eine kursächsische Postmeilensäule von 1753 daran, wie spät der Ort zu Brandenburg kam.

TIP 143 144 145
FÜRSTENWALDE. *Am Wasser liegt die Stadt: ihr Bildnis und Gestalt ist lustig, lieblich, schön: ist lauter Grün und Wald …*

Der Dichter dieser Zeilen, Jacobus Lotitius, war 1679 Bürgermeister von Fürstenwalde. Schon damals bezog sich der Lobgesang allein auf die

Lage. Krieg und Wiederaufbau haben die Stadt nicht schöner gemacht. Fürstenwalde entstand als deutsche Gründungsstadt, mit dem typischen rechtwinkligen Straßennetz. Die Hauptstraße, in der Mitte marktartig erweitert, verläuft von Nord nach Süd. Hier steht das **Rathaus**, ein zweigeschossiger spätgotischer Rechteckbau aus verputzten Feldsteinen mit Backsteineinfassungen, die Westseite mit einem Ziergiebel versehen, an der Ostseite mit einer Laube, die ein gotisches Sterngewölbe aufweist.

Am Ende des Mittelalters war Fürstenwalde Bistumssitz der Bischöfe von Lebus. Der **Dom St. Marien** wurde nach der Zerstörung durch die Hussiten 1432 als dreischiffige, gotische Hallenkirche wieder aufgebaut. 1945 sank er in Trümmer, das Äußere wurde in den siebziger Jahren wiederhergestellt, das Innere erst kürzlich, 1996. Fürstenwalde spielte für die Schiffahrt zwischen den Flußsystemen von Oder und Spree eine wichtige Rolle und damit auch für die Entwicklung Berlins.

Die Pläne zum Kanalbau waren sehr alt, sie gingen ins 14. Jahrhundert auf Kaiser Karl IV. zurück. 1558 hatte man dann den Bau eines Grabens in Angriff genommen. Dieser Neue Graben stellte die Verbindung zur Oder her. Nach energischer Förderung und Ausbau durch den Großen Kurfürsten hieß er Friedrich-Wilhelm-Kanal. 1668 war die Anlage fertig, sie besaß damals schon 15 hölzerne Schleusen.

Großes Staunen erregte so etwas seinerzeit, als ein Hamburger Schiffer mit 30 Lasten Lüneburger Salz über Havel und Spree durch den Neuen Graben zur Oder und nach Frankfurt gelangte, »allwo die Leute haufenweise mit Verwunderung angesehen, daß Hamburger Schiffe angelangt«. Der Kanal, nicht zu vergessen, verband die damals österreichischen Territorien in Schlesien mit den Häfen an der Nordsee.

Rauensche Berge und Markgrafensteine. Vom Stadtzentrum Fürstenwaldes sind es nur dreihundert Meter in südlicher Richtung bis zur Brücke über die Spree. Auf der anderen Seite wendet man sich nach links und gleich darauf bei der ersten Möglichkeit wieder nach rechts. Damit befindet man sich auf der Landstraße, die nach vier Kilometern das Dorf **Rauen** erreicht, auf allmählich ansteigender Strecke. In einiger Entfernung auf der linken Seite sieht man schon die Rauenschen Berge liegen.

In Rauen geht die Landstraße hinter dem Dorfanger in eine sanfte Rechtskurve über. Diese Wendung macht man nicht mit, sondern geht geradeaus auf einem Schotterweg weiter und erreicht nach 400 Metern den Wald. Autofahrer müssen hier ihr Fahrzeug abstellen. Ein asphaltierter und gut ausgeschilderter Weg führt in 1,6 Kilometern zu den Markgrafensteinen. Es handelt sich um Granitfindlinge, die einst mit dem Gletschereis aus Skandinavien hierher gelangt sind. Sie lieferten seinerzeit 1826 den Granit, aus dem die große Brunnenschale vor dem Alten Museum in Berlin geschlagen wurde.

TIP 143 144 145 146

SCHARMÜTZELSEE. Glanzpunkt der Umgebung von Fürstenwalde ist der wenige Kilometer südlich gelegene Scharmützelsee. Zehn Kilometer lang und eineinhalb Kilometer breit, an seiner tiefsten Stelle 28 Meter tief, ist er der größte und wohl auch der schönste See der weiteren Berliner Umgebung; manche nennen ihn das Märkische Meer. An seiner nördlichen Schmalseite liegt Bad Saarow-Pieskow. Aus 175 Meter Tiefe steigt hier eine Chlor-Kalzium-Quelle auf, täglich über eine halbe Million Liter Wasser. Quelle und Heilkraft wurden seinerzeit von Willi von Lepel entdeckt, einem Nachkommen jenes Bernhard Freiherr von Lepel, der mit Fontane befreundet war.

Saarow-Pieskow wurde bald nach der Jahrhundertwende ein elegantes Bad und ein entsprechend vornehmer Villenort. Das Bahnhofsgebäude des Ortes, eine dreiflüglige Anlage im Heimatstil aus den Jahren vor dem Ersten Weltkrieg, mit Fachwerkgiebel und Türmchen, bildete damals das Entrée für den noblen Ort.

Die Prominenz der Weimarer Zeit besaß hier Villen, einer der bekanntesten unter ihnen Max Schmeling, dessen reetgedecktes Haus allerdings noch vor dem Krieg abbrannte. Fontane hat die beiden Dörfer Pieskow und Saarow wenige Jahrzehnte, bevor das hübsche Bahnhofsgebäude errichtet wurde, noch völlig anders erlebt. Anfang der achtziger Jahre begann er mit den Arbeiten zum dritten Band der »Wanderungen durch die Mark Brandenburg«. Er schrieb an den Verleger: »Dieser Band soll mir glücken; denn fast kann ich sagen: je pauverer die Gegend, desto besser das Buch.«

Und pauver, ärmlich, war es tatsächlich. Das zweite Stück des Bandes beschreibt »eine Osterfahrt in das Land Beeskow-Storkow«, und die Unterhaltungen Fontanes mit seinem Kutscher geben ein schönes Bild von Zeit und Leuten. Kutscher: »Ist das eine Gegend! In Saarow ist nichts, das kenn ich, und hier in Pieskow ist gar nichts.«

In den folgenden Jahrzehnten änderte sich das. Die Ufer des Sees – hinreichend einsam und andererseits wieder schnell genug von Berlin aus zu erreichen – waren gefragt als Baugrund für Wochenendhäuschen oder Landsitze, je nach Geldbeutel. Nach der Wende gab es peinliche Eigentumsauseinandersetzungen, denn einige der schönsten Grundstücke befanden sich in den dreißiger Jahren in jüdischer Hand, und die Nazis setzten alles daran, um die Immobilien in die Hand zu bekommen. Nach 1945 gelangten sie wieder in neue Hände; um die rechtmäßigen Eigen-

Gorki-Museum in Bad Saarow

tümer von einst oder deren Erben kümmerte man sich nicht. 1989 tauchten nun Nachkommen jener neuen Herren von 1933 bis 1945 auf und gerierten sich als Enteignungsopfer. Ortsansässige können mittlerweile viele Geschichten darüber erzählen.

Es empfiehlt sich ein Spaziergang vom Bahnhof in westlicher Richtung. Dem Wegweiser »Bad Saarow Strand« folgend, kommt man nach wenigen Schritten an einem heute als **Gedenkstätte für Maxim Gorki** dienenden Holzhäuschen in russischem Stil vorbei. Gorki weilte im Winter 1922/23 im Sanatorium, seiner angeschlagenen Gesundheit wegen; er schrieb damals unter anderem an der Autobiographie seiner Jugend, »Meine Universitäten«. Er konnte damals noch nicht wissen, daß die Rote Armee Jahre später wenige Schritte davon entfernt bis 1993 ein Sanatorium unterhalten würde, das den gesamten Ort fast ein halbes Jahrhundert lang mit einem starken atmosphärischen Akzent versehen würde. **TIP 144**

Folgt man der Straße, gelangt man an die Saarower Strandpromenade mit der Dampferanlegestelle. Hält man sich rechts, führt nach einigen hundert Metern ein Uferweg, der zirka einen Kilometer am See entlangläuft, zum Wasser.

Unweit der Stelle, wo man wegen der im Wege liegenden Privatgrundstücke wieder das Ufer hinauf, zurück zur Straße, muß, liegt das Sommerhaus Johannes R. Bechers, des expressionistischen Dichters und späteren Kulturministers der DDR. Wenige hundert Meter weiter sitzt man im **Cafe Dorsch** sehr schön am Steilufer mit Panoramablick über den See. Ein Stück weiter Richtung Wendisch-Rietz und wesentlich nobler liegt das **Landhaus Bott** mit guter Küche und elegantem Interieur.

Steilufer und Föhrenhügel um den Scharmützelsee zaubern 30 Kilometer hinter Berlin die Atmosphäre eines Ostseebadeortes herbei, sicher das Erfolgsrezept von Saarow-Pieskow, denn so mochte der Berliner nach Kurt Tucholsky halt schon immer gern wohnen: vorne Ku'damm, hinten Ostsee.

KOSSENBLATT. Zehn Kilometer westlich des Schwielowsees liegt **Schloß Kossenblatt**. Anstelle einer mittelalterlichen Wasserburg wurde es zwischen 1705 und 1712 errichtet. Zwei Geschosse, drei Flügel, überwölbt von einem Mansarddach. Der dreiachsige Mittelrisalit auf der Hofseite trägt einen Balkon mit schmiedeeisernen Gittern. Auf der Gartenseite ebenfalls ein Balkon, im Segmentgiebel dort sieht man Wappenkartuschen und die Jahreszahl 1712. Im Innern führt eine Eichentreppe aus der Entstehungszeit ins Obergeschoß. Im Garten steht eine Sandsteinflora aus der Mitte des 18. Jahrhunderts.

Bauherr des Schlosses war der Feldmarschall Reichsgraf Johann Albrecht von Barfuß (gestorben 1704). Seine Witwe hat den Bau zu Ende geführt. Der Soldatenkönig Friedrich Wilhelm I. sah das Schloß während einer Jagd und drängte den Sohn des Erbauers zum Verkauf. 1736 ging es für 125 000 Taler an den König. Er hielt sich wiederholt hier auf, um zu malen, das sollte ihn von starken Gichtschmerzen ablenken. Später schenkte er den Besitz seinem zweiten Sohn, Prinz August Wilhelm, dem Bruder Friedrichs des Großen, der das Gebäude aber weniger schätzte als sein Vater. Der Schwägerin des Alten Fritz diente Kossenblatt später als Witwensitz.

Der merkwürdige Name des Ortes ist aus dem Sorbischen gedeutet worden als Amsel-Sumpfwald.

Sehenswert ist die Dorfkirche, ein Feldsteinbau aus dem 13. Jahrhundert mit dreiseitigem Ostschluß und quadratischem Westturm, in barocker Zeit umgebaut und verputzt.

Ganz im Osten: Naturpark, Barockabtei, Reißbrettutopie

Schlaubetal – Neuzelle – Eisenhüttenstadt

Auf der Autobahn Richtung Frankfurt/Oder, bis zur Abfahrt Müllrose – und der Neugierige befindet sich im vielleicht kontrastreichsten Stückchen Brandenburg.

Die alte Mühlenstadt Müllrose (im Namen steckt das Mahlwerk, nicht der Abfall) ist Ausgangspunkt für Touren entlang der Schlaube. Im Waldtal der Schlaube, auf den Heideflächen bei Reicherskreuz und am Rand der Oderebene bei Neuzelle erlebt man drei höchst unterschiedliche Landschaftsformen, die sich, wer mit dem Rad unterwegs ist, an einem Tag erschließen kann. Die Barockabtei von Neuzelle und die DDR-Gründung »EiHü« (Eisenhüttenstadt) bilden ein weiteres Kontrastpaar, wie es schärfer kaum denkbar ist.

TIP 146 147 148

NATURPARK SCHLAUBETAL. So etwas hat die Mark nicht oft zu bieten: einen Wildbach, der sich durch ein enges Waldtal windet, an dem man obendrein auf bequemen Wanderwegen entlanglaufen, über weite Strecken sogar mit dem Rad langfahren kann. Vom **Wirchensee** am Beginn bis zum Müllroser See am Ende sind es rund 25 Kilometer Wer gut zu Fuß ist, schafft das an einem Tag, aber man sollte sich Zeit lassen. An das Landschaftsschutzgebiet Schlaubetal schließen sich nämlich noch andere Schutzgebiete an, darunter das 15 Kilometer lange Naturschutzgebiet Reicherskreuzer Heide mit Mooren und Heideflächen und das **Tal des Flüßchens Dorche** bei Neuzelle. Alle zusammen bilden den Naturpark Schlaubetal, ein kreuzförmiges Gebilde, 50 Kilometer lang und 25 Kilometer breit: Raum genug für mehr als einen naturnahen Kurzurlaub.

Und naturnah ist in diesem Fall einmal nicht bloß ein Reklamewort: 13 Tier- und Pflanzenarten, die sonst in Brandenburg überhaupt nicht mehr vorkommen, leben hier. Orchideen sind darunter, wie der Frauenschuh und der Korallenwurz; bei den Tieren ist es z. B. der Hochmoor-Perlmutterfalter; Smaragdeidechsen gibt es in ganz Norddeutschland überhaupt nur noch an dieser Stelle. Eintausend Pflanzenarten hat man insgesamt an der Schlaube nachgewiesen, darunter 13 Orchideen, oder Farne. Zweihundert Vogelarten wurden gezählt, darunter in der Reicherskreuzer Heide, als früheres Truppenübungsgelände jahrzehntelang den Einflüssen der Landwirtschaft entzogen, der Brachpieper, der Ziegenmelker und der Raubwürger.

Das Schlaubetal ist dabei keineswegs urwüchsig naturbelassen, der erste Anschein trügt: Der Bach wurde jahrhundertelang für Mühlen genutzt. Mühlenromantik findet sich allerdings kaum noch, allenfalls ein

Seite 79: Im Schlaubetal

Bremsdorfer Mühle im Schlaubetal

technisches Denkmal, etwa die **Ragower Mühle**. Meist ist bloß noch ein Wehr übriggeblieben; die Gebäude dienen als Gastwirtschaften.

Auf einer Bergnase über dem Bachtal liegt **Siehdichum**. Merkwürdiger Name. Andererseits: Umsehen könnte man sich ja hier oben wirklich, stünden die Bäume nicht so dicht. Einst stand an der Stelle ein Jagdhaus der Neuzeller Äbte, später eine Försterei, noch später machten hier Stasi-Bedienstete Ferien, die »Firma Horch und Guck« fuhr in den Urlaub nach Siehdichum. Heute kann man sich sehr reizvoll einmieten, und es besteht ein Verbund zwischen Siehdichum und den **Gasthöfen Forsthaus Schierenberg** und **Seeschloß Chossewitz** (einer ehemaligen Villa des Wagnertenors Melchior Lotter), der Wanderungen mit Gepäckbeförderung möglich macht.

Der Naturpark Schlaubetal weist viele verschiedene Landschaftsformen auf. So besteht am Belenzsee ein seltenes **»Braunmoosmoor«**, im Naturschutzgebiet Mehlheide, nicht weit von Müllrose, finden sich dünenartige Sandhänge mit absonderlich gewachsenen Kiefern. Am oberen Ende des Tals, um den Wirchensee, lassen sich die Quellen des Schlaubewassers auf einem vier Kilometer langen Naturlehrpfad erkunden. Neben diesem Lehrpfad und dem schon erwähnten Hauptwanderweg entlang der Schlaube kann man von letztgenanntem am Oberlauf bei der Kieselwitzer Mühle in westlicher Richtung abbiegen nach Chossewitz zum dortigen See und zur **Klingemühle am Eingang des Ölsetals**. Wer an gleicher Stelle dagegen in östlicher Richtung abbiegt, kann über Kieselwitz und Treppeln nach Neuzelle wandern.

Von Neuzelle aus bietet sich der Weg im Landschaftsschutzgebiet entlang der kleinen Dorche nach Bomsdorf an.

Wer um den Wirchensee gewandert ist und auf eine längere einsame Tour Lust hat, kann auf schmalen Straßen nach Henzendorf laufen, dort beginnt ein markierter Weg durch den Naturpark zum **Landschaftsschutzgebiet Göhlensee** über Groß Drewitz und Krayne bis nach **Guben** an der Neiße, weit über die Grenzen des Naturparks hinaus.

Das **Naturschutzgebiet Reicherskreuzer Heide** läßt sich am besten auf dem etwa fünf Kilometer langen Rundkurs des Naturlehrpfades erkunden, der zwei Kilometer südöstlich des Dorfes Reicherskreuz beginnt, der Weg vom Dorf dorthin ist zur Zeit noch nicht ausgeschildert.

Zur Herausbildung von Heiden, so lehrt eine Tafel, komme es immer durch den Menschen. So sei die Lüneburger Heide durch intensive Schafhütung entstanden, die Reicherskreuzer Heide dadurch, daß man Panzergranaten verschossen habe. Wie bitte? Ja, eben dadurch sei, zuletzt vor 15 Jahren, immer wieder die Vegetation abgebrannt, und eine riesige »Offenfläche« mit einem Bewuchs aus Ginster und Calluna vulgaris, besser bekannt als Heidekraut, habe sich gebildet.

Die große Weite des russischen Panzerübungsplatzes – die letzten Soldaten zogen 1993 ab – ist noch nicht endgültig von vergrabener Munition und ähnlichen Dingen geräumt. Es empfiehlt sich daher, auf dem Naturlehrpfad beziehungsweise dem sandigen Fahrweg nach Pinnow zu bleiben. Damit Heide Heide bleibt und nicht wieder zuwächst, bedarf es der Schafe (die Panzer sind ja weg): Wenn sie nicht die Bodenvegetation immer wieder beknabbern, »vergreist« die Calluna, und der Wald holt sich das Land allmählich zurück.

Von Pinnow aus führt ein Radweg zum **Pinnower See** mit Inselchen und Badeanstalt und weiter über Bärenklau und das **Landschaftsschutzgebiet Postingsee** Richtung Guben.

TIP 146 147

NEUZELLE. Das **Kloster Neuzelle** südlich Eisenhüttenstadt ist etwas Einmaliges östlich der Elbe: die einzige Kirche Brandenburgs, die von der Weihe Ende des 13. Jahrhunderts bis heute ununterbrochen katholisch gewesen ist.

Die Ausstattung mit allem Prunk des gegenreformatorischen Barock macht den Gegensatz zur kargen protestantischen Nüchternheit märkischer Stadt- und Dorfkirchen geradezu grotesk sichtbar.

Schon Mitte des 13. Jahrhunderts von den Wettinern gegründet, wurde das Kloster erst um 1281 als Tochterkloster von Altzelle in Sachsen als Zisterzienserstift besiedelt. Den Hauptteil seiner Besitzungen erwarb es im 14. Jahrhundert, und bis 1815 blieb es selbständige Herrschaft. Eine Kuriosität: Nach der Reformation gebot der Abt auch über lutherische Gläubige und besaß als weltliche Obrigkeit sogar das von Luther gewollte Recht, die evangelischen Pfarrstellen zu besetzen. Als Ober- und Niederlausitz 1635 an Sachsen kamen, wurde der Weiterbestand der Klosterherrschaft ausdrücklich zugesichert. Die eigentliche – barocke – Blüte von Neuzelle stand damals erst noch bevor. Im 18. Jahrhundert, unter den Äbten Martin (1727–1741) und Gabriel (1741–1743), wandelte man die gotische Kirche in eine barocke um. Abt Edmund (1775–1801) kümmerte sich dagegen mehr um die geistlichen und geistigen Belange von Kloster und Untertanen: Die Bibliothek und die Kirchenmusik wurden ebenso gefördert wie die Volksschulbildung in den Dörfern des ausgedehnten Besitzes. 1815 kam wie die übrige Niederlausitz auch Neuzelle an Preußen, das die Herrschaft aufhob, den Besitz in eine Stiftung überführte und in den Klosterräumen ein Lehrerseminar einrichtete. Katholisch blieb die Kirche jedoch weiter, und von Neuzelle aus wurden die wenigen katholischen Bewohner der Niederlausitz betreut.

Von Eisenhüttenstadt führt die Bundesstraße in vielen Kurven längs der Oder auf Neuzelle zu. Kurz vor dem Ort leuchtet der gelbe Putz des Klosterkomplexes zwischen Gebäuden und Bäumen hervor. Mitten im Ort biegt man links ab auf die Anlage zu. An Teich und Klosterbrauerei vorbei gelangt man durch das **Barockportal** von 1736 auf den **Wirtschaftshof**. Rechter Hand erstreckt sich das lange Gebäude der **Stiftskanzlei** von 1723 – ein großer Besitz bedurfte auch damals schon einer ausgedehnten Verwaltung. Hier wohnten bis vor kurzem der evangelische Pfarrer und ein katholisches Priesterseminar friedlich unter einem Dach. Eine Buchhandlung versorgt heute am Eingang die Besucher mit Souvenirs und Ansichtskarten. Auf der Südseite begrenzt ein langer Wirtschaftsflügel die Anlage. Wo er aufhört, an der südöstlichen Hofseite, steht die sogenannte Sommerabtei, ein schlichtes, zweistökkiges Gebäude aus den Jahren um 1730 unter einem Walmdach, das heute das katholische Pfarramt beherbergt.

Wenige Schritte weiter südlich steht die **evangelische Pfarrkirche**, die zu Klosterzeiten, als die große Kirche noch weitgehend den Mönchen vorbehalten war, den Laien des Klosterbereichs diente; mit ihr, einem Schmuckstück, sollte der Rundgang beginnen.

1354 dem heiligen Aegidius geweiht, wurde sie 1728 bis 1734 zum Kreuzkuppelbau mit runder Apsis und einem dreischiffigen Langhaus umgebaut. Als Vorbild gilt die frühbarocke Jesuitenkirche »Il Gesù« in Rom, die einem Architekturideal der Gegenreformation entsprach. Das zierliche Turmpaar wurde um die Mitte des vorigen Jahrhunderts wohl vom Baumeister Friedrich Wilhelms IV., Friedrich August Stüler, umgestaltet.

Die Rokoko-Ausstattung hat sich in großer Geschlossenheit erhalten. Altäre, Stukkaturen und Malereien stammen von jenen Meistern, die auch seinerzeit in der großen Kirche tätig waren, der Stuck zum Beispiel von der Künstlerfamilie Hennevogel aus Wessobrunn, die Kuppel- und Gewölbemalerei ist in der Art des Georg Wilhelm Neunhertz ausgeführt: Die Himmelfahrt Christi in der Decke des Langhauses und in der Kuppel die Allegorien der triumphierenden Kirche, einem Lieblingsthema der Gegenreformation. Der rote Kalkstein des Bodens kam ursprünglich wohl über die Ostsee oderaufwärts von der schwedischen Insel Öland, die neuen Platten stammen aus Bad Doberan.

Die kleine Barockkanzel besaß Räder: Bei Prozessionen konnte das Gestühl mitgeführt werden für Predigten unter freiem Himmel.

Der Orgelprospekt von 1728 steht, nachdem das Instrument im vorigen Jahrhundert mit einem pneumatischen Werk versehen wurde, höher als ursprünglich vorgesehen, seine Krone berührt die Decke, was eigentlich nicht sein sollte. Die harmonischen Proportionen der kleinen Kirche schärfen den Blick für die Eigenart der großen.

Bei deren Betreten sieht auch der Laie sofort: Der Bau kann die Gestalt einer dreischiffigen mittelalterlichen Hallenkirche nicht verleugnen. Das Innere ist in den letzten zwei Jahrzehnten weitgehend wiederhergestellt worden. Nach Zerstörungen während des Dreißigjährigen Krieges wurde der Bau 1654 bis 1658 in frühbarockem Stil umgestaltet, aus den einteiligen gotischen Fenstern wurden zweigeschossige; italienische Künstler statteten den Raum mit Bildern und Stukkaturen aus. In den zwanziger und dreißiger Jahren des 18. Jahrhunderts erfolgte dann die Umwandlung im hochbarocken Stil, wie sie sich dem Besucher heute darbietet, Architekten und Künstler kamen diesmal aus Böhmen und Bayern.

Die **frühbarocken Deckengemälde**, 1655 bis 1660 unter der Leitung Johannes Vanettis entstanden, zeigen im Hauptschiff die Heilsgeschichte: Geburt des Herrn, Taufe, Abendmahl, Kreuzigung, Grablegung (in der das Kloster Neuzelle abgebildet ist, so wie es im Spätmittelalter aussah), Auferstehung und Himmelfahrt. In den Seitenschiffen Szenen aus dem Alten Testament, die die Ereignisse der Heilsgeschichte vorgebildet haben; solche Bezüge waren in der Kirchenmalerei häufig, sie boten den Gläubigen neben der frommen Schaulust Unterricht in biblischer Geschichte und den Lehren der Kirche.

Kirche in Neuzelle

Georg Wilhelm Neunhertz, Enkel des schlesischen Malers Michael Willmann, schuf mit Künstlern seiner Werkstatt die **hochbarocken Gemälde der Vorhalle** (Christus als Herr der Welt mit Allegorien der vier Erdteile), den Zyklus großer Fresken unterhalb der Kirchenfenster (zum Namen Jesu) und die Deckenfresken im Chor (Heilsratschluß und Lobpreis Gottes durch die Engel). Genrehafte Elemente, Derbheit und die Vorliebe für weite Landschaften lassen niederländische Einflüsse erkennen.

Neben den Malereien an Decken und Wänden bestimmen die **Altäre** zusammen mit der Kanzel den barocken Charakter des Kirchenraumes. In Stuckmarmor oder Holz von Johann Wilhelm Hennevogel, beziehungsweise seiner Werkstatt, ausgeführt, schmücken sie sämtliche Pfeiler und die Seitenkapellen.

Der Hauptaltar (1740/41) aus Stuckmarmor mit Baldachin auf Pilastern und Säulen geschaffen, ist vor allem durch seinen plastischen Schmuck, eine um den Tabernakel gruppierte Emmausgruppe, bedeutend (Jesus ist nach seiner Auferstehung, zunächst unerkannt, Gast seiner Jünger in Emmaus). Die bewegte Gestaltung lehnt sich an süddeutsche Vorbilder an, wie sie die Gebrüder Asam geschaffen haben. Das Altarblatt aus der Willmannschule zeigt die Himmelfahrt Mariens. Insgesamt besitzt die Kirche ein Dutzend Altäre, überwiegend mit Säulenschmuck, geschnitzten Plastiken und Altargemälden, besonders hervorzuheben die sechs des Mönchschores.

Die hölzerne Kanzel stammt von 1728, ihr tulpenförmiger Korb wird von einem Engel getragen, die vier Evangelisten sind zu sehen und die vier Kardinaltugenden. Unter dem Schalldeckel schwebt die Taube des Hl. Geistes, auf ihm finden sich die christlichen Tugenden Glaube, Hoffnung und Liebe sowie Christus als Guter Hirte dargestellt.

Der reizvolle Widerspruch zwischen der strengen mittelalterlichen Raumstruktur und der spätbarocken Ausstattung, die am liebsten alles in Licht und Bewegung auflösen möchte, ist der Haupteindruck auf den Besucher. Ähnliches findet man in Prager Kirchen.

Verläßt man den mächtigen Bau wieder, erreicht man rechter Hand
TIP 146 nach wenigen Schritten den Zugang zur **Klausur**, dem einst für Laien verschlossenen Klosterbereich. Der **Kreuzgang**, heute zum Klosterhof hin geschlossen, kann in ganzer Länge abgegangen werden, er stammt aus der zweiten Hälfte des 14. Jahrhunderts, aber vieles wurde im Lauf der Jahrhunderte ersetzt. Eindrucksvoll ist sein schönes Kreuzgewölbe mit Birnstabrippen. Die Konsolen und Gewölbeanfänge zeigen figürlichen und floralen Schmuck; immer wieder taucht dabei der Rebstock als Eucharistiesymbol auf. Christus in der Kelter – das Heil der Welt – ist ebenfalls mehrfach zu finden.

Zu DDR-Zeiten bestand in den alten Klostermauern eine delikate Nachbarschaft, zweierlei Studenten wohnten auf dem gleichen Gelände: zum einen zukünftige Lehrer mit sozialistischem Auftrag, zum anderen angehende katholische Priester. Für die Lehrer galt Kontaktverbot. Stand etwa einer im dörflichen Kramladen, oder ein Priesteramtskandidat betrat das Lokal, mußte der Pädagoge schleunigst hinausgehen.

TIP 146 Das süffige **Bier der Klosterbrauerei** neben dem Portal sei ausdrücklich empfohlen. Um die Spezialität hat sich ein Streit entsponnen: Darf man das dunkle Bier noch Bier nennen, wenn die Klosterbrauer neben Hopfen, Malz und Wasser noch andere Dinge hineingeben? Bezeichnung hin, Reinheitsgebot her, es schmeckt.

TIP 146 147 148 **EISENHÜTTENSTADT.** Gibt es etwas Trostloseres als Neubaugebiete, zumal solche in der DDR? Warum sollte man ausgerechnet in eine Stadt fahren, die nichts ist als die Retortensiedlung neben einem riesigen Industriegebiet?

Trotzdem: Wer in die Nähe kommt, etwa weil er Kloster Neuzelle oder das Schlaubetal besucht und auch nur ein bißchen an Architektur oder Geschichte interessiert ist, sollte einen Abstecher nicht scheuen. Denn ein Stück deutsche Geschichte ist Eisenhüttenstadt zweifellos.

Der Ort ist eine Gründung der jungen DDR, die Pläne stammen vom Anfang der fünfziger Jahre, und damit ist Eisenhüttenstadt auch ein Stück gebaute Ideologie, ein Stück Sozialismus, in dem es sich herumwandern läßt.

Das **Zentrum**, die einstige Leninallee, ist leicht zu finden, eine 500 Meter lange Einkaufsstraße mit drei neungeschossigen Punkthochbauten auf quadratischem Grundriß, zwischen ihnen Ladenzeilen. Das gut gegliederte Ensemble stammt von 1959, die industrielle Plattenbauweise späteren Zuschnitts hatte sich noch nicht durchgesetzt, der Standard der Bauausführung war solide und entsprach dem damals auch im Westen üblichen.

Auf der gegenüberliegenden Straßenseite steht ein ganz anderes Gebäude. Bloß fünf Jahre älter, scheint es aus einer anderen Zeit zu kommen: Das **Theater** von Herrmann Enders und Hans Klein, 1953 fertiggestellt, bedient sich der klassizistischen Formensprache, sogenannter Stalinbarock. Zwischen dem Bau der Hochhäuser und dem des Theaters lag der Tod Stalins, und die 1950 verkündeten stalinistischen »16 Grundsätze des Städtebaus« waren inzwischen relativiert worden; auch die DDR suchte Anschluß an internationale Standards. Die »Grundsätze« hatten festgelegt, Architektur habe »dem Inhalt nach demokratisch und der Form nach national« zu sein. Heraus kam eine Bauweise, wie sie das Theater und jene Wohnblöcke zeigen, auf die man stößt, wenn man Richtung Süden weitergeht. Die Blockränder sind geschlossen, die Beton- und Natursteinfassaden mit massiven Fenster- und Türlaibungen repräsentieren pathetisch das »Nationale«, als »demokratisch« galt dagegen der Inhalt: bescheidene Wohnungen mit guten Grundrissen. Die Leninallee sollte nach Norden auf ein monumentales, schloßartiges Fabriktor zuführen, den Eingang des Hüttenwerkes, das jedoch nicht mehr gebaut worden ist. Auch die Wohnhäuser späterer Baustufen unterschieden sich nicht mehr von den DDR-üblichen gesichtslosen Blöcken.

Eisenhüttenstadt dokumentiert den Aufbauenthusiasmus der DDR. Das Vorbild der Sowjetunion war das Maß aller Dinge, von der Politik bis zu den lächerlichsten Kleinigkeiten. Und Sowjetunion, das hieß eben seit den zwanziger Jahren auch: Stadtgründungen auf der grünen Wiese, Schwerindustrie und die schattenlose Helle einer vergangenheitslosen, persönliches Glück dem Kollektiv unterordnenden Arbeitergesellschaft. Man hatte versucht, ein Stück der sowjetischen Aufbauzeit der zwanziger und dreißiger Jahre in die Aufbauzeit Nachkriegsdeutschlands zu implantieren. 1953 wurde Eisenhüttenstadt zur Stadt erklärt und erhielt den Namen **Stalinstadt**, der 1961 in die heutige Bezeichnung geändert wurde.

Wer bei so viel »Schwergeschichte« eine bedrückende Atmosphäre erwartet, wird jedoch angenehm enttäuscht. Da die Bebauungshöhe bescheiden blieb, das Stadtgebiet überschaubar ist und parkartige Grünanlagen, deren Bäume hoch gewachsen sind, die Siedlung auflockern, geriet, was kommunistische Utopie hatte werden sollen, zu einer freundlich banalen Neubausiedlung. Nicht besser und nicht schlechter als vieles im Westen halt auch. Beim Gang durch die Straßen sieht man, daß viele Wohnungen leerstehen. Eisenhüttenstadt entvölkert sich, denn das – gerettete – Hüttenwerk benötigt heute nur noch zehn Prozent der einstigen Belegschaft. Und die verbliebenen Einwohner scheinen den Komfort späterer Plattenbauten den ofenbeheizten Häusern der Gründungsphase vorzuziehen, trotz Parkettböden, schöner Fenster und größerer Zimmer.

Völlig auf der grünen Wiese ist Eisenhüttenstadt übrigens nicht entstanden. Das alte Städtchen **Fürstenberg an der Oder**, Mündungspunkt des Oder-Spree-Kanals und heute idyllischer Stadtteil der Neugründung, war vorher da; als alte deutsche Gründungsstadt erhielt es bereits im 13. Jahrhundert Magdeburger Stadtrecht und gehörte später dem Kloster Neuzelle.

»EiHü« (Jargon zu DDR-Zeiten) ist in den letzten Jahren nicht nur mit der Rettung seines Stahlwerkes durch die Medien gegangen, sondern mit dem Projekt eines Zugereisten, eines Wessis. Der Museumsmann aus West-Berlin, hat nach der Wende als Privatmensch alles an Gegenständen aus der untergegangenen DDR zusammengetragen, was
TIP 146 er kriegen konnte. Eine inzwischen große **Sammlung zur Alltagskultur** des verschwundenen Staates. Kein besserer Standort als die sozialistische Stadtgründung in der Lausitz ließe sich denken. Die um das Image von EiHü besorgten Politiker mögen anfangs nicht gerade froh gewesen sein über diese Bereicherung, und bei einem Besuch im Sommer 96 bleibt uns die Einrichtung unauffindbar. Es gibt sie aber weiterhin und nun auch, nach Auskunft des Stadtmuseums, für die Zukunft gesichert. Die derzeitige Adresse geben wir hier mit Vorbehalt weiter, als Geheimtip ohne Gewähr: in der Friedrich-Ebert-Straße hinter der dort befindlichen Schule in einem ehemaligen Kindergarten.

Geheimnisvolles vor der Haustür: Im Südosten liegt der Spreewald

Entstehung und Geschichte – Die Wenden – Feste, Bräuche, Trachten – Kirchen, Schlösser, Museen – Zu Fuß und per Rad – Auf dem Wasser – 49 Spreewaldorte – Cottbus – Branitz

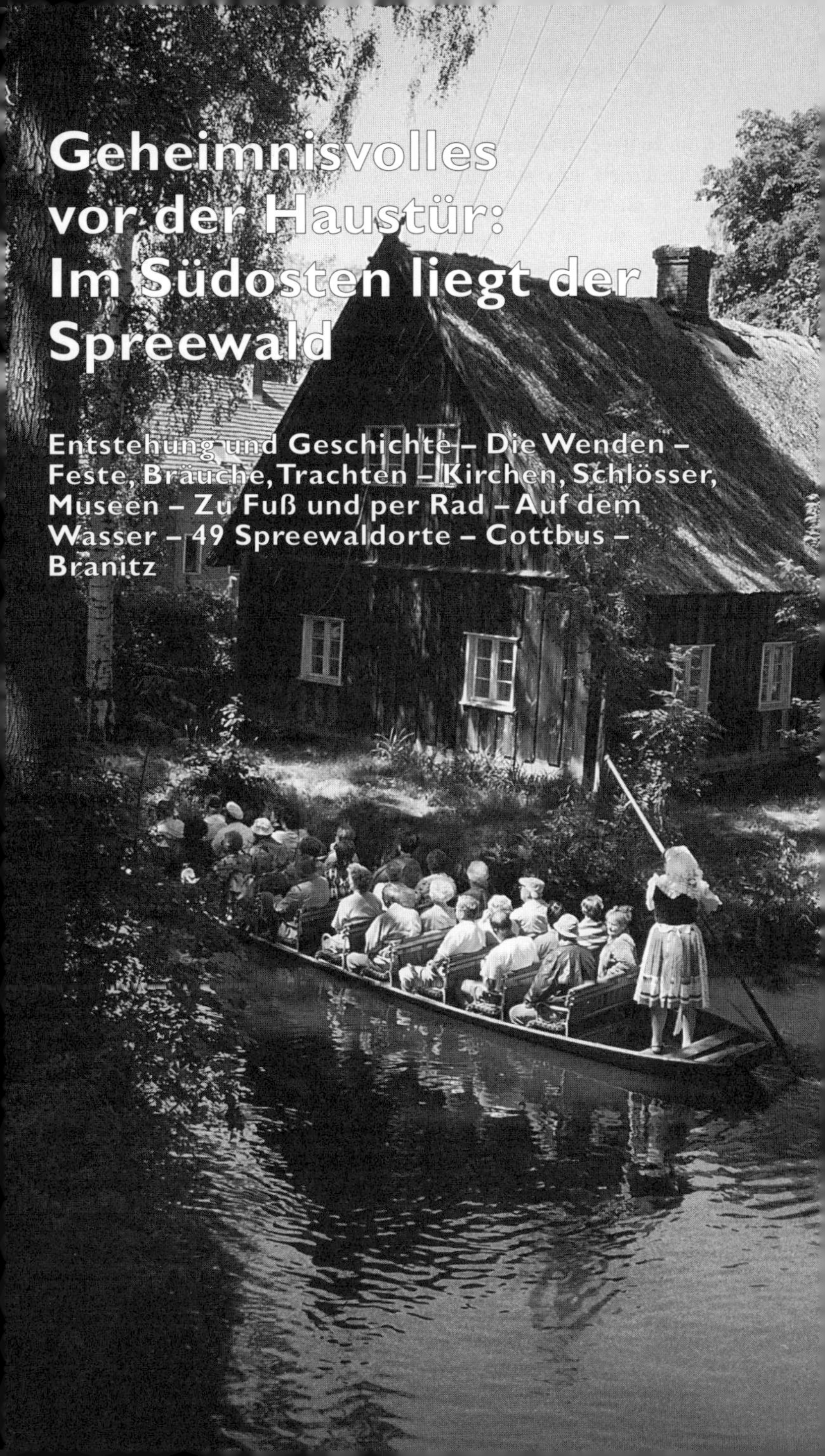

TIP **Eine so geschlossene Landschaft wie der Spreewald** läßt sich nicht
148 in Einzelziele auflösen; der Spreewald bildet eine Einheit und wird da-
149 her in diesem Buch auch als solche behandelt: Entstehung und Ge-
150 151 schichte, die Sorben/Wenden, Bräuche und Trachten, Museen, Kirchen
152 und Schlösser, Freizeitmöglichkeiten werden für das gesamte Gebiet
153 dargestellt.
154 Kein Ziel in der näheren und weiteren Umgebung Berlins ist so bekannt wie die Auenlandschaft der Spree. Selbst in Bayern oder im Südschwarzwald hat man vom Spreewald schon einmal gehört. Ein Kapital, mit dem die DDR schon zu Mauerzeiten wuchern konnte; Tagesausflügler brachten damals wertvolle Devisen, und auch die eigene Bevölkerung ließ sich busweise herbeikarren.

Zugegeben, das klingt nicht gerade verlockend, eigentlich möchte man da sofort lieber zu Hause bleiben. Ist aber unnötig, denn der Spreewald hält das lässig aus. Mit einem Trick. Es gibt ihn nämlich für Auto- und Bustouristen gar nicht. Er ist schlicht nicht da, wenn man ihn sucht. Wer mit dem Wagen hindurchfährt, sieht bloß flaches Land, Baumreihen, hin und wieder blickt er auf ein Wasser, das unter einer Brücke fließt, ein paar kleine Dörfer da und dort, das war's. Verkehr, Gedrängel, Parkplatznot, Kegelvereine und Damenkränzchen beschränken sich daher auf jene drei Punkte, die Zugang gewähren zum eigentlichen Spreewalderlebnis: auf die **Einschiffungshäfen in Lübbenau, Burg und Lübben.** Nur vom Wasser aus nämlich zeigt der Spreewald seinen ganzen Zauber, nur wer sich in einen wackeligen Kahn setzt, bekommt ihn zu Gesicht, es ist ein bißchen wie im Märchen: Man muß etwas einsetzen, einen Schritt vom Wege tun, um des Wunderbaren teilhaftig zu werden.

Angst vor angeheiterten Busausflüglern braucht man keine zu haben, einmal im Boot, kehrt Ruhe ein, man hört nur noch das Plätschern des Wassers und ab und zu die Erläuterungen des Fährmannes, der mit seiner Stange das Boot vorwärts gleiten läßt. Der Spreewald hat den Massentourismus besiegt.

Wer dieser Botschaft nicht traut und wem schon die Drängelei an den großen Anlandungsstellen zuviel ist: Seit der Wende ist niemand mehr auf die großen Kahnhäfen angewiesen, es gibt genügend kleine.

Die einzige Art, vom Land aus etwas vom Reiz des Spreewaldes mitzubekommen, besteht darin, sich per Rad oder zu Fuß entlang der Fließe zu bewegen; an vielen Stellen geht das sehr gut, Rad- und Wanderwege sind zunehmend ausgewiesen.

Seite 89: Kahnfahrt im Spreewald

Für Radwanderer gibt es übrigens auch für die Anreise einen Tip: Der Unterspreewald läßt sich bequem aus der Berliner Innenstadt erreichen, ohne langes Fahrplanwälzen: Man nehme die S-Bahn bis Königs Wusterhausen. Von dort können sehr sportliche Radfahrer Märkisch-Buchholz und Groß-Wasserburg – die nördlichen Tore zum Spreewald – direkt erreichen, die übrigen fahren mit einem der Personenzüge, die fast jede Stunde gehen, zwei Stationen weiter bis Halbe oder drei bis Oderin. Von Halbe aus gelangt man über Märkisch-Buchholz, von Oderin sogar direkt (es ist aber der schlechtere Weg) an den Köthener See, von dort sind es dann nur noch vier Kilometer bis Groß-Wasserburg, und man befindet sich im Unterspreewald. Vollkommen ohne Drängelei und Streß, Spreewald durch die Hintertür gewissermaßen.

ENTSTEHUNG UND GESCHICHTE. Ein paar Sätze Erdkunde sind zur Erklärung nötig. Schon ein flüchtiger Blick auf die Karte lehrt, daß das Gebiet sich in Ober- und Unterspreewald teilt, und eigentlich gibt es ihn wirklich zweimal, den Spreewald. Angelpunkt beider Teile ist Lübben: Von hier erstreckt sich bis an den Stadtrand von Cottbus auf 35 Kilometer der Oberspreewald nach Südosten, in Richtung Norden dagegen bis zu den Dörfern Groß-Wasserburg und Leibsch auf 20 Kilometer der Unterspreewald. Während der Oberspreewald eine bis 15 Kilometer breite eiszeitliche Niederung füllt, handelt es sich beim Unterspreewald um ein schmales Gletscherzungenbecken, dessen Tief- und Endpunkte der Köthener und der Neuendorter See im Norden bilden, die beide allerdings nicht zum Spreewald gezählt werden. Begrenzt werden Ober- wie Unterspreewald links und rechts durch Endmoränenzüge. Im oberen Spreewald lassen ein ganz geringes Flußgefälle und die Breite der Niederung aus der Spree und dem hier zufließenden Nebenflüßchen Malxe viele kleine Arme entstehen, die Fließe genannt werden und von denen es 300 geben soll. Dazu kommen vom Menschen gezogene Kanäle. Die Wasserläufe sind nicht in das Gelände eingesenkt, sondern bilden – Charakteristikum der Landschaft – eine gemeinsame Flußaue: Wer im Kahn fährt, ist deshalb immer in Uferhöhe.

In der Eiszeit führte die Spree große Mengen Schwemmsand in das Gebiet. Es entstanden viele kleine inselartige Erhöhungen, die **Kaupen** (»kupa« heißt im Niedersorbischen »kleine Erhöhung«). Ursprünglich dienten sie nur als Fluchtstätten in gefahrvollen Zeiten. Als jedoch die brandenburgischen und sächsischen Landesherren nach den großen Verwüstungen des Dreißigjährigen Krieges darangingen, ihre Länder allmählich wieder aufzubauen, und Fremde mit Steuerfreiheit und Bauzuschüssen hierher gelockt wurden, entstanden auf den Erhebungen neue Dörfer.

Der Blick auf die Karte läßt unschwer **drei Stromsysteme im Oberspreewald** erkennen: das untere im Süden besteht aus Leineweberfließ, Radduscher-, Grobla- und Gorroschoafließ. Die Hauptspree, beziehungsweise Burger Mühlenspree, bildet den mittleren Zug, und Malxe, Hammerstrom, Großes Fließ und Mutnitza durchziehen das nördliche Gebiet. Zwischen den Randdörfern und den inneren Wasserläufen stellen Gräben, sogenannte Kahnfahrten, die Verbindung her.

Der **Unterspreewald** bietet ein etwas anderes Bild. Die schmale eiszeitliche Rinne ließ Auffächerungen nur in geringem Maß zu. Die vielen, lange andauernden Hochwasser haben Flachmoore von nur einem halben Meter Tiefe links und rechts der Spree entstehen lassen mit einer speziellen Vegetation. Der Unterspreewald ist waldreicher als der Oberspreewald und wurde weniger intensiv für Hausbau, Land- und Gartenwirtschaft genutzt.

Immer wieder haben **Hochwasser** das Siedlungsgebiet verwüstet, alle zwei bis drei Jahre entstanden große Schäden. Obwohl mit dem Bau von Umflutkanälen einiges getan wurde, um die Wassermassen schneller abfließen zu lassen, brachte erst die Anlage großer Speicherbecken in der Oberlausitz nach dem Krieg Abhilfe. Diese Bauten dienten vor allem dazu, der Braunkohle- und Kraftwerksindustrie das nötige Kühl- und Brauchwasser zuzuführen. Die Braunkohle ist aber auch Schuld daran, daß die Spree, in der vor Jahrzehnten noch mit Karbidlampe und Speer nachts im klaren Wasser gefischt werden konnte, heute nur noch braunschwarz strömt.

Die **Gletscher der letzten Eiszeit** gaben beim Zurückweichen dem Land seine äußere Gestalt, die Spree schlängelte ihre Arme durch die neue Niederung, Auwälder wuchsen empor. Alles Übrige der Landschaft, die uns heute so entzückt, haben jedoch Generationen von Spreewaldbewohnern geschaffen: Sie erweiterten die trockenen Plätze, bauten mit dem Holz der sich lichtenden Wälder ihre Häuser, legten Felder und Gärten an und zogen Gräben, um Vieh und Ernte transportieren zu können.

Entscheidend war der **Dreißigjährige Krieg**. Es gibt Schätzungen, nach denen in der Lausitz bei seinem Ende nur noch zehn bis zwanzig Prozent. Die berühmteste Reisebeschreibung stammt zwar von Theodor Fontane, die genaueste aber von dem Dichter **Achim von Arnim**. Der war nämlich Landwirt. Er konnte beurteilen, was die vorangegangenen drei, vier Generationen wendischer und deutscher Spreewaldbewohner geschaffen hatten und trug sich mit dem Gedanken, das eine oder an-

Zur Heuernte im Spreewald

dere auch in der eigenen Wirtschaft (siehe Wiepersdorf!) auszuprobieren:

»Der Weg bis Lübbenau ist ganz Wiese, von mehreren Armen der Spree durchschnitten, dort geht erst das Seltsame an: kleine, erhöhte Gärtchen überall, wo genug Erde aufgeschüttet werden konnte, etwa einen Fuß erhöht, in kleinen Beeten bestellt, höchst sorgfältig; zwischen den Häuserreihen überall kleine mit Holz eingerahmte Kanäle, an jedem Hause ein kleiner Hafen, die Kinder mit dem Wasser so vertraut wie mit der Erde, überall Schwimmer, überall Zwiebeln, Gurken, Kähne und Kuhmist. Die ganze Stadt lebt von Gärtnerei und Viehmästung und ist bis auf einen kleinen Teil künstlich wie Venedig durch aufgefahrene Erde über dem Wiesengrund entstanden. Das Geheimnis der ganzen Gegend beruht aber darauf, daß die Wiesenfläche so ungeheuer groß in Verhältnis des Flusses ist, daß, wenn er austritt, was alle Herbst geschieht, diese Fläche doch immer nur mit wenigen Zoll Wasser überdeckt wird, so daß die etwas erhöhten Häuser und Beete nur in seltenem Fall unter Wasser kommen … Am andern Morgen saß ich wohlgerüstet mit Bier und Butterbroten auf einem Schemel in Hemdsärmeln im Kahn, nun gings in die Geheimnisse der Kaupenwelt. Kaupen heißen nämlich die erhöhten Grasbulten in überschwemmten Fennen (Fenne = Fehn, Moor); wo so eine Erhöhung war, bauten sich die Leute an und schafften immer mehr Erde um sich herum …

Ställe sind nun die Welt eines Spreewälder Rindviehs, nie kommen sie auf den Hof und ins Freie, bis sie geschlachtet werden, übrigens ist das Vieh dabei gesund und müßte durch diese Lebensgewohnheit zu Seereisen trefflich vorbereitet sein …

Nun denke Dir aber unsere Fahrt nicht einsam, sondern vielmehr wie ein beständiges Begegnen mit anderen Schiffen, denn nicht nur die Dörfer, sondern auch Lübbenau holt sich alle Fütterung aus dem Wald, alles zu Schiff, meist Weiber, die tapfer schmauchen, um die schreckliche Fliege Cuntra von sich abzuhalten, von deren Kühnheit im Angriff niemand einen Begriff hat, der nicht im Spreewald gewesen … Auch traf es sich glücklich, daß überall geheut wurde, d. h. das trockene Heu wird auf Holzunterlagen an eine sehr hohe Stange unter dem Namen Schober aufgestellt. Die große Zahl dieser Heuschober auf den Wiesenflecken machen den Eindruck großer afrikanischer Dörfer, wie wir sie aus Kupferstichen kennen. Endlich gelangten wir zu den Kaupern (Kaupenbewohnern) von Burg, 700 einzelnen Besitzungen.«

Diese Schilderung zeigt den »klassischen« Spreewald. So wie Achim von Arnim Natur, Menschen, Wirtschaft und Leben der Wald- und Wasserlandschaft vor fast zwei Jahrhunderten beschrieben hat, sind die Verhältnisse bis in die vierziger, fünfziger Jahre unseres Jahrhunderts geblieben. Erst danach begannen umfassender Straßen- und Wegebau, neue Regulierungen der Spree und geänderte Landbaumethoden, den Spreewald zu verändern.

DIE WENDEN IM SPREEWALD. Wer, von Berlin kommend, zum Beispiel über Märkisch-Buchholz in den Spreewald reist, bemerkt bald, daß die Ortsschilder zweisprachig werden, auch die Bezeichnungen in den Karten: Unter der deutschen Bezeichnung steht das gleiche nochmal auf Sorbisch. Fragt er jedoch, wer hier so spricht, stellt er schnell fest: niemand. Es wird einem versichert, das Dorf sei immer deutsch gewesen und die Zweisprachigkeit der Ortsbezeichnung nichts als eine Marotte der alten DDR, die die Minderheit über Gebühr hochgehalten habe. Etwas anderes ist das in der Gegend um Burg. Hier gab es noch vor 50 Jahren rein sorbischsprachige Familien, die ihr Deutsch erst in der Schule lernten und es im Alltag nur im Verkehr mit der Obrigkeit gebrauchten. Heute kommen hier allerdings kaum noch Kinder auf die Welt, die als erstes sorbische Laute vernehmen.

So lebendig das Slawische in anderen Gegenden, vor allem der Oberlausitz um Bautzen herum, sein mag: Im Spreewald ist es so gut wie ausgestorben, die Alten können es noch, Jüngere verstehen Brocken, die zweisprachigen Ortsschilder dienen hauptsächlich der mahnenden Erinnerung, die eigenen Wurzeln nicht zu vergessen. Slawische, wendische

Dörfer gab es übrigens noch zu Zeiten Friedrichs des Großen bis an den südlichen Rand des heutigen Berlin, nicht bloß im Spreewald.

Lebendig geblieben ist jedoch manches andere, und nahezu alles, was der Tourist als typisch für den Spreewald erlebt, besitzt slawische Ursprünge: die Trachten, die Feste, manche Bauweisen der Gehöfte. Deshalb lohnt sich ein Blick auf das kleine Volk südöstlich Berlins, von dem man in den alten Bundesländern oft nicht einmal weiß, daß es existiert. Dieser Blick ist gar nicht so einfach. Vieles bleibt dabei unsicher, das fängt schon beim Namen an: Sagt man nun **Wenden** oder **Sorben?**

Die **Domowina**, der in Bautzen ansässige Volkstumsverband, besteht auf »Sorben« und spricht von Obersorben und Niedersorben. Die Obersorben leben in der südlich Cottbus beginnenden Oberlausitz, die Niedersorben in der nördlich und westlich Cottbus gelegenen Niederlausitz. Die Slawen des Spreewaldes wären demnach Niedersorben. Spreewälder jedoch, die sich zu ihrer Kultur bekennen, nennen sich meist selbst »Wenden« und setzen sich von den »Sorben« der Oberlausitz, deren »Obersorbisch« sie nur mit Mühe verstehen, gern ab. »Wenden« heißen sie auch von jeher für die deutschen Nachbarn. Und nicht zuletzt das ist der Grund für die offizielle Ablehnung dieser Bezeichnung durch die Organisation der Minderheit. Das Wort »Wende«, heißt es hier, habe seit alters dazu gedient, die Sorben schlechtzumachen. Zwar komme die Bezeichnung »Vendi« schon bei Plinius vor – Venedig soll übrigens gleichen Ursprungs sein –, aber die deutsche Mehrheit habe ihr immer wieder einen diskriminierenden Sinn untergeschoben: nämlich »wendisch«, das heißt unzuverlässig und heimtückisch.

Wenden hin, Sorben her. Verfolgt wurden sie immer; vor allem, wenn sie auf ihrer Sprache bestanden. Kein Wunder, daß sie diese häufig aufgaben, denn Schutz gewährte sie nur in der unmittelbaren Umgebung, wo sie einen Wall eigener Identität bildete vor den Zumutungen von außen. Wer aber in der Welt etwas werden wollte, dem wurde sie hinderlich, und er mußte auf sie verzichten.

Die preußischen Könige verboten ihren Gebrauch in der Schule, das Kaiserreich und auch die Weimarer Demokratie beargwöhnten das kleine Volk, als könnten 100 000 Kleinbauern den Staat umstürzen, und Hitler plante, wäre der Endsieg erst einmal errungen, die zur »Eindeutschung« Fähigen ihrer Volkszugehörigkeit zu berauben und die übrigen in einem ostpolnischen Sumpfgebiet sich selbst zu überlassen. In der DDR, die Sprache und Kultur der Minderheit zu pflegen vorgab und Institute, sorbische Verlage und Schulen zuließ, vernichtete der Braunkohleabbau Dutzende sorbischer und deutsch/sorbischer Dörfer. Mit jedem von ihnen ging ein Stück Ethnie, jahrhundertealte deutsch-slawische Kultur, zugrunde. Wer auf Autobahn oder Bundesstraße von Lübbenau nach Vetschau fährt, sieht zur Rechten die **Mondlandschaften des Tagebaus** und versteht, was gemeint ist.

Heute geht man von rund 60 000 Angehörigen des sorbischen Volkes aus, vor einigen Jahrzehnten waren es noch fast doppelt so viele. Im Spreewald dürfte nur noch ein kleiner Teil (etwa 15 Prozent) wohnen, wenngleich viele Familien wendisch-sorbische Wurzeln haben.

FESTE, BRÄUCHE, TRACHTEN. Der Fisch, die Biene und das Pferd kennzeichnen die Welt der Wenden. In den Städten als Nicht-Deutsche in alten Zeiten von vielen Handwerksberufen ausgeschlossen, durften sie fast nie das Bürgerrecht erwerben, und Ackerland war meist in deutschen Händen. Die Wenden blieben das Volk am Wasser, an den Ufern der Flüsse in Sümpfen und Niederungen. Fischfang, Zeidlerei (Bienenwirtschaft) und Pferdezucht bildeten mit schmalen Erträgen ihre Erwerbszweige, im Spreewald dazu die hochintensive Garten- und Weidekultur im Zusammenspiel mit den jährlichen Hochwassern der Spree. Wendisches findet sich bis heute im Alltagsleben: So tragen Neubauten häufig noch an den Giebelenden, ähnlich den Pferdeköpfen in Niedersachsen, gekreuzte Schlangen mit gekrönten Häuptern. Die – harmlose – Wassernatter war früher im Spreewald sehr häufig, und Schutzgeister jedes Hauses bildeten der Sage nach jeweils zwei von ihnen, ein Pärchen, das sich allerdings nur sehen ließ, wenn ein Hausgenosse starb.

Zwar war die Männertracht schon verschwunden, als Fontane Mitte des vorigen Jahrhunderts eine Beerdigung erlebte, aber die Frauentrachten kann man heute feiertags noch so finden, wie er sie beschrieben hat: »Der kurze faltenreiche Friesrock, das knappe Mieder, das Busentuch, die Schnallenschuhe, selbst die bunten seidenen Bänder, die, mit großem Luxus gewählt, über die Brust fallen, sind allerorten in wenigstens ähnlicher Weise vorkommende Dinge, wogegen mir der Kopfputz und die Halskrause von dem sonst Herkömmlichen abweichend erschienen. Die Halskrause wird nicht allgemein getragen; wo sie sich findet, erinnert sie lebhaft an die geteilten Ringkragen auf alten Pastorenbildern: steife Jabots, die dem, der sie trägt, immer etwas von dem Ansehen eines kollernden Truthahns geben. Allgemein aber ist der spreewäldlerische Kopfputz: Eine zugeschrägte Papier- oder Papphülse bildet das Gestell, darüber legen sich Tüll und Gaze, Kanten und Bänder und stellen eine Art Spitzhaube her. Ist die Trägerin eine Jungfrau, so schließt die Kopfbekleidung hiermit ab, ist sie dagegen verheiratet, so schlingt sich noch ein Kopftuch um die Haube herum und verdeckt sie, je nach Neigung, halb oder ganz. Diese Kopftücher sind ebenso von verschiedenster Farbe wie von verschiedenstem Wert. Junge, reiche Frauen schienen schwarze Seide zu bevorzugen, während sich ärmere und ältere mit krepprotem Zitz und selbst mit ockerfarbenem Kattun begnügten ...«

Auch heute, wo viele junge Frauen sich wieder Trachten unter Anleitung der Mütter oder – öfter – Großmütter selbst schneidern, wo fertige Kostüme bei eigenen Trachtenschneidereien in Auftrag gegeben werden können, machen die Materialien – Taft, Batist, Atlasseide – den Preis. Besonders teuer können die verwendeten Spitzen werden, vor allem seit mit dem Ende der DDR Trachtenspitzen nicht mehr subventioniert sind. Zwischen ein- und zweitausend Mark muß man für eine komplette Ausstattung aus Rock, Mieder, Schürze, Schultertuch oder Kragen und Haube anlegen. Getragen werden die Trachten bei feierlichen Kirchgängen und bei Festen.

Ein Tip: Wer außerhalb dieser seltenen, feierlichen und touristisch bestimmten Aufzüge Trachten sehen möchte, sollte am Sonntag vormittag im südöstlichen Teil des Oberspreewaldes, in den Dörfern hinter Werben, zur Kirche gehen: Die älteren Frauen kommen dort in den typischen, kniekurzen Röcken, mit Schürzen, manchmal mit Halstüchern, nur die Hauben bleiben den Festtagen vorbehalten.

Spreewaldfeste folgen den Jahreszeiten und gehen auf vorchristliche Fruchtbarkeitsvorstellungen zurück. Sie beginnen mit dem **Zapust** im Fastnachtsmonat Februar: Junge Leute ziehen mit Musik von Hof zu Hof, tanzen und erhalten Eier, Speck und Wurst; die Geschenke werden gegessen, anschließend ist Dorftanz; mitunter singen Chöre traditionelle Lieder.

Wie bei allen slawischen Völkern spielen die **Osterbräuche** zu Beginn des Frühlings eine zentrale Rolle: Am Ostermorgen schöpfen die jungen Mädchen Osterwasser aus den Gräben und Fließen der Spree: Wer es schafft, es ohne sich umzudrehen oder zu reden nach Hause zu tragen, besitzt ein unfehlbares Schönheitstonikum. In der Nacht zum Ostersonntag brennen die Osterfeuer. Auch das Bemalen der Eier ist ein Osterbrauch, der mit großer Kunstfertigkeit geübt wird. Die ausgeblasene Eierschale wird mit filigranen Mustern aus Wachs verziert, die mit Hilfe winziger Stäbchen und Pinsel aufgebracht werden. Anschließend wird die Schale gefärbt. Wenn nach dem Trocknen das Wachs entfernt wird, heben sich die nicht eingefärbten Punkte als kunstvolles, kleinteiliges Muster ab. Wer in Andenkenläden also solche Eier im Angebot sieht, kann sie beruhigt kaufen, es handelt sich tatsächlich um Volkskunst.

Zum **Erntedankfest** im Monat Juli finden Reiterspiele wie das Hahnrupfen statt, bei dem junge Männer durch ein Tor galoppieren und dabei versuchen, dem dort hängenden – toten – Hahn den Kopf abzureißen. Die vorchristlichen Sorben dachten sich die Fruchtbarkeit als Hahn. Im Spätsommer, wenn die Ernte eingebracht ist, muß Raum geschaffen werden für kommendes Wachstum, einen neuen Hahn. Am häufigsten bekommt man das **Stollenreiten** zu sehen, einen Wettritt der jungen Männer auf ungesattelten Pferden über ein abgeerntetes Feld.

Ein allgemeines Gaudium ist auch das **Karrenwettschieben**: Junge, unverheiratete Frauen müssen ihren Zukünftigen auf einer schweren Karre als erste ins Ziel schieben. Mancherorts aber auch statt des jungen Mannes einen Frosch ...

KIRCHEN, SCHLÖSSER, MUSEEN UND EIN TURM. Jahrhundertelang haben die Spreewälder sich der Natur angepaßt und ihren Lebensstil, Werkzeuge, Häuser und Gebrauchsgegenstände weiterentwickelt. Herkömmliches behielten sie gerade so lange bei, bis es sich durch Geeigneteres, Bequemeres ersetzen ließ. Von der ursprünglichen Gestalt der Dörfer ist deshalb fast nur noch der Grundriß übriggeblieben.

Die alten Holzbauten sind größtenteils verschwunden. Zeugnis der Geschichte des Spreewaldes ist fast allein die Landschaft selbst.

Um so mehr verdienen die bedeutenden Kirchen und Schlösser ein eigenes Kapitel. Sie machen die Geschichte des Ländchens sichtbar; Blütezeiten, Krieg, Verfall und neuer Aufstieg haben in ihnen ihre Spuren hinterlassen. In Museen ist aufgehoben, was sonst verschwunden wäre, und ein Luginsland bietet etwas Überblick.

TIP 148 **Lübben**: Ein geheimnisvoller Bau ist die kleine mittelalterliche **Kirche St. Pankraz von Steinkirchen** – heute Stadtteil Lübbens. Sie stammt in ihren ältesten Teilen aus dem beginnenden 13. Jahrhundert, gilt als älteste steinerne Kirche des Spreewaldes und dürfte Gotteshaus einer deutschen Burg gewesen sein, denn das Dorf Steinkirchen ist jünger. Der Bau ist ein frühes Beispiel für die Verwendung von Backstein in dieser Gegend; erst die Erweiterung auf der Altarseite in der zweiten Hälfte des 15. Jahrhunderts erfolgte in der gängigeren Feldsteinbauweise.

An den Wänden des Innenraums Reste spätmittelalterlicher Fresken. Man erkennt eine Madonna, Christus als Weltenherrscher und Engel. Die hölzerne Decke der Kirche hat ein wandernder Kirchenmaler des Barock zu Beginn des 18. Jahrhunderts mit einem heiteren Himmel aus Wolken und kindlichen Engeln bemalt.

An der nördlichen Kirchenwand ist der Dichter Ernst v. Houwald begraben.

Spreewälder Tracht auf dem Touristenboot

Das Kirchlein ist nicht ganz einfach zu finden: Man folge in Lübben den Wegweisern Richtung Lübbenau und am Stadtrand denen zur Jugendherberge.

Die große Kirche von Lübben, ursprünglich St. Nikolai, seit 1931 **Paul-Gerhardt-Kirche**, ist eine typische spätmittelalterliche Stadtkirche der Niederlausitz. Die ältesten Teile stammen aus der Zeit um 1300, ihre heutige Gestalt als dreischiffige Backsteinhalle erhielt der Bau im 15. Jahrhundert. Vom Mittelalter ist nur noch der Raumeindruck im Innern geblieben, sämtliche Ausstattungsdetails aus dieser Zeit sind verschwunden. Kräftige Pfeiler gliedern das nicht sehr hohe Kirchenschiff. Die Ausstattung stammt aus dem frühen 17. Jahrhundert, so der Altaraufsatz aus bemaltem Sandstein (1609 von Samuel Hanauer), die Kanzel (Schalldeckel erst Anfang 18. Jahrhundert) und der Taufstein. Das Altarkreuz ist jünger und gilt als vorzügliche Dresdner Arbeit aus der Zeit um 1700. Ein Triumphkruzifixus stammt aus der ersten Hälfte des 18. Jahrhunderts.

Wie sehr eine Stadtkirche im Barock Mittelpunkt des sozialen Lebens war, zeigen die zahlreichen Epitaphien, die Gedenk- und Grabtafeln adeliger und bürgerlicher Einwohner. Im Chor, im Schiff und auf den Emporen finden sie sich, meist mit Wappen und ausführlicher Vita; einige zeigen auch Porträts des oder der Verstorbenen.

Den Namen Paul Gerhardts trägt die Kirche, weil der bekannte Dichter so vieler geistlicher Lieder hier von 1669 bis 1676 als Pfarrer gewirkt hat und auch begraben ist.

Geht man von der Kirche aus nach Süden, gelangt man nach wenigen Schritten an das **Land- oder Ständehaus**, einen hufeisenförmigen großen Komplex, dessen drei Portale Wappen der Niederlausitz tragen. Auch heute noch haben hier Verwaltungsstellen ihren Sitz. Durch Kriegszerstörung und Wiederaufbau zeigt das Gebäudeinnere heute moderne Formen. Überquert man die dahinterliegende Straße (Ernst-v.-Houwald-Damm), gelangt man zum sogenannten **Schloß**.

TIP 150 Von der einstigen Wasserburg des 14. Jahrhunderts ist nichts mehr erhalten. Das gedrungene Gebäude im Vordergrund, an dessen Eingang ein Schild in den »Historischen Weinkeller« einlädt, gilt zwar als Wohn- und Wehrturm mit seinen 2,5 Meter dicken Mauern und als Teil der einstigen Burg, sicher ist dies jedoch nicht.

Direkt dahinter steht das **Oberamtshaus** (1679–1682) im Stil der Renaissance mit seinem schönen Prunkportal, dessen gesprengter Segmentgiebel das Wappen der Niederlausitz und die Jahreszahl 1682 trägt. Von hier aus wurde einst die Niederlausitz verwaltet. Wohnturm, Stände- und Oberamtshaus zusammen bildeten eine Art Regierungsviertel, und es ist anzunehmen, daß die meisten in der Kirche durch aufwendige Gedenktafeln Geehrten, soweit sie nicht Pfarrer oder Superintendenten der Stadt waren, hier als Verwaltungs- und Regierungsbeamte gearbeitet haben. Hier wirkte auch mit kurzer Unterbrechung der Dichter Ernst v. Houwald (1778–1845) fast vier Jahrzehnte als Syndikus der Niederlausitzischen Stände. Viele wirtschaftliche Einrichtungen, etwa die Lübbener Sparkasse, half er zu gründen.

TIP 149 150 151 152 153 **Lübbenau**: Nicht weit ist es vom einst größeren Lübben nach Lübbenau. Wir lassen die Neustadt mit ihren Wohnblocks der einst in der Braunkohle und im stillgelegten Kraftwerk Beschäftigten rechts liegen und gelangen in das eigentliche, das alte Lübbenau. Im Gegensatz zu Lübben, das als Spreeübergang hart umkämpft wurde, ist Lübbenau 1945 weitgehend unzerstört geblieben.

Am Rand des alten Marktplatzes erhebt sich die **Kirche**. »Noch heute trägt die überwiegend flache, sandige Lausitz in ihren Ortschaften kursächsischen Charakter: barocke Kirchen und Herrenhäuser.« Das Urteil des adligen Gutsbesitzers und Kunsthistorikers Udo von Alvensleben, der 1938 den Spreewald bereiste, gilt noch heute, fünfzig Jahre und zwei politische Systeme später. Zwar war das Amt Cottbus mit dem Dorf Burg und den umliegenden Gemeinden seit Mitte des 15. Jahrhunderts in der Hand Brandenburgs, der weitaus größte Teil des Spreewaldes aber blieb wie die übrige Niederlausitz anderen Herren untertan, seit 1635 den Kurfürsten und späteren Königen von Sachsen. Und so recht begreift man diesen sächsischen Charakter hier auf dem Markt von Lübbenau, vor dem schlanken Kirchturm mit Haube und Laterne. Die Kirche wurde 1738 bis 1741 durch Gottfried Findeisen aus Dresden errichtet, der Turm entstand später, 1777/78.

Es beeindruckt die helle Festlichkeit des Innenraumes. Große Fenster lassen viel Licht herein, die Ausstattung strahlt in Weiß und Gold. Eine zweistöckige Empore an drei Seiten bot Raum für mehrere hundert Kirchgänger. Im Altarraum befinden sich links und rechts zweistöckige verglaste Herrschaftslogen. Hier saßen die Schloßherren von Lübbenau, die Grafen Lynar, Standesherren der Niederlausitz, die gräfliche Familie sowie die Beamten und Angehörigen der gräflichen Verwaltung. Der Prediger auf der Kanzel blickte seinem Patronatsherrn, der ihn für die Stelle ausgewählt hatte, direkt ins Gesicht. Der Blick des Lübbenauer Herren seinerseits ruhte auf Kanzel, Altar und einem gewaltigen Sandstein-Epitaph, das einen imponierenden Schlußpunkt unter ein adliges Leben setzte, aber mit seinem von Schlangen zerfressenen Totenkopf auch eine eindringliche Erinnerung an die Vergänglichkeit alles Irdischen war.

Die Orgel ist ein Neubau aus den achtziger Jahren, bei dem allerdings der schöne barocke Prospekt wiederverwendet wurde, der in Maßen und Aufbau denen von Silbermannorgeln gleicht.

Während das Äußere des Lübbenauer Gotteshauses das typische Bild einer barocken sächsischen Stadtkirche bietet, zeigt sein theaterähnliches Inneres die gesellschaftliche Wirklichkeit Lübbenaus bis 1945: Im wenige Schritte entfernten Schloß saß die Herrschaft, deren Einfluß das Leben in der Stadt in vieler Hinsicht bestimmte.

Die alte **Wasserburg** wurde um 1600 zum Renaissance-Schloß umgebaut und 1817/20 von Carl Benjamin Siegel im klassizistischen Stil erneuert. Die beiden Flügel stoßen in stumpfem Winkel aneinander, der Verbindungsflügel wird rückseitig von zwei Türmen flankiert, 1839 im Stil der Neoromanik unter Beteiligung Schinkels errichtet.

Außer der großzügigen Treppenhalle mit ihren toskanischen Holzsäulen hat das Innere wenig zu bieten; zu DDR-Zeiten hat das heutige Hotel als Schulungszentrum gedient. Der letzte Besitzer aus der Familie von Lynar, Graf Wilhelm Friedrich, wurde als Beteiligter des Attentats auf Hitler vom 20. Juli 1944 hingerichtet; eine Tafel erinnert daran.

Der etwa neun Hektar große **Schloßpark** wurde 1817 unter dem Einfluß des Fürsten Pückler zum englischen Landschaftspark umgestaltet. Zum Schloßbezirk gehören außerdem die Orangerie von 1820, das frühere gräfliche Gerichts- und Verwaltungsgebäude, in dem heute ein Spreewaldmuseum untergebracht ist, und der Lokschuppen der Spreewaldbahn, ein kleines Bahnmuseum mit Lok, Wagen und Erinnerungsstücken.

Für einen verregneten Vormittag eines Spreewaldwochenendes sei die Sammlungstrias hier sehr empfohlen: In der **Orangerie** kann man nicht bloß Familienähnlichkeiten der Lynars durch die Jahrhunderte verfolgen, sondern auch die Entwicklung der Portraitmalerei vom 16. bis zum 19. Jahrhundert anhand der hier versammelten rund 50 Gemälde aus gräflichem Besitz.

Das **Spreewaldmuseum** beschränkt sich nicht auf Folklore, sondern legt den Schwerpunkt auf unser Jahrhundert, zwar unter den ideologischen Sternen der DDR-Geschichtsschreibung, aber informativ: Das gibt es nur hier. Der **Lokschuppen** schließlich wird Kinder und Eisenbahnfans begeistern.

Das **Freilichtmuseum in Lehde** und die Gaststätte Wotschofska: Aus dem Lübbenauer Schloßpark heraus läßt sich die Wanderung ins Museumsdörfchen Lehde beginnen, das nur zwei Kilometer entfernt liegt.

Im Dörfchen Lehde besteht seit 1957 ein Freilichtmuseum. Drei Gehöfte mit jeweils mehreren Gebäuden zeigen die Bauweisen des Spreewaldes. Holz und Rohr bildeten das Baumaterial. Vor allem die schnell wachsenden Baumarten Pappel und Erle fanden Verwendung. Die Häuser wurden selten älter als 200 Jahre, weil das Holz nicht sehr dauerhaft war. Die Einrichtung dieses Museums vor vielen Jahrzehnten erweist sich heute – wo viel Spreewaldtypisches verschwindet –als weise Entscheidung. Man kann zusehen, wie Spreewaldkähne entstehen, erfährt etwas über Trachten, aber auch über die Intensivwirtschaft des spreewaldtypischen Landbaus, über Heilpflanzen und Kräutergärten. Von Lehde aus ist es nicht mehr weit zum Anlaufpunkt vieler Rundfahrten, der **Gaststätte Wotschofska** (wotso = niedersorbisch Erle). Ihre »Erleninsel« war in Kriegszeiten Zuflucht der Spreewaldbewohner. Eine Gaststätte ist der ehemalige Försterwohnsitz seit knapp hundert Jahren. Man sitzt am Wasser und kann die an- und ablegenden Kähne beobachten.

TIP 123 **Heimatmuseum Dissen:** Im Lübbenauer Museum lernt man die Entwicklungen der jüngsten Zeit, in Lehde die Formen der Wohnhäuser und Höfe des Spreewaldes kennen. Wer nach Dissen fährt – das ist eine

Blick auf das Schloß Lübbenau

ganze Ecke, kurz vor Cottbus –, erfährt etwas über die Kultur der sorbisch sprechenden Bevölkerung. Noch vor 100 Jahren war Dissen rein sorbisch, Deutsch lernten die Kinder erst in der Schule. Nicht zufällig ist die Sammlung zur slawischen Kultur in der einstigen Schule untergebracht: In der Schule entschied sich in den letzten Jahrzehnten der endgültige Untergang der wendischen Sprache, immer weiter wurde sie zurückgedrängt.

Agrarhistorisches Museum in Schlepzig: In die besondere Welt des Unterspreewaldes lädt das Schlepziger Museum ein. So wie im Oberspreewald der intensive Gartenbau mit seinen winzigen Hügel- und Häufelbeeten auf genauester Naturbeobachtung beruhte, funktionierte auch die Vieh- und Weidewirtschaft im Unterspreewald nur durch ökologische Disziplin: Wer wieviel Stück Vieh, Ochsen, Kühe, Jungvieh und Schafe halten durfte, war ganz genau festgelegt. Im waldreichen Unterspreewald waren die Bewohner von der Forstweide völlig abhängig. Wer wann wieviel Vieh wo in den Wald treiben durfte, das waren Fragen, die über Sein oder Nichtsein entschieden. Die Herren der Wälder waren nicht die Bauern, sondern mächtige Großgrundbesitzer. TIP 150

Ein alter Spreewälder erinnert sich: »Es gab Bauern, Kossäten und Büdner, wobei sich die Büdner noch einmal teilten in Großbüdner und Kleinbüdner. Ein Bauer durfte acht Pferde, sieben Ochsen, sieben Kühe, fünf Stück Jungvieh, dreißig Schafe, einen Gänserich und drei Gänse halten, die anderen entsprechend weniger. Schlußlicht waren die Kleinbüdner mit zwei Ochsen, zwei Kühen, einem Gänserich und einer Gans.«

Als Gegenleistung für die Waldweide waren unter anderem schwere Forstarbeiten zu leisten. Wiesen, Moore, Nieder- und Hochwald, die kargen Äcker, alles bedurfte der Pflege und einer überlegten, sanften Nutzung. Heute würde man von ökologischem Landbau sprechen. Das Leben war von diesem Bewußtsein noch lange geprägt. Viele Stoffe waren z. B. hausgemacht: Lein wurde angebaut, er blühte blau, das war schön anzusehen; im Winter, wenn die Landwirtschaft Pause hatte, wurde der Webstuhl aufgeschlagen und gewebt, die jungen Leute trafen sich zum Flachsbrechen und zum Spinnen. Auch die jüngere Vergangenheit ist dokumentiert: Ein knallroter Nachkriegstraktor mit dem schönen Namen »Aktivist« steht in der Museumsscheune, funktionstüchtig bis auf den heutigen Tag, und die neu konzeptionierte Ausstellung in dem ehemaligen Haus des Dorfrichters von 1812 erzählt auch von den Umbrüchen nach 1945.

Schlepzig verfügt übrigens mit **»Am grünen Strand der Spree«** über den schönsten Landgasthof des Spreewaldes; er liegt genau am entgegengesetzten Ende des Ortes.

Ein Museum zum Kaufen: Die Uhren ticken, Bauernuhren im mäßigen Schritt, die großen Standuhren daneben noch langsamer. Wir stehen im **Antiquitätengeschäft** von Rudolf Hirt, **nahe dem Kahnhafen in Burg-Dorf**. Draußen schieben sich Touristen Richtung Kahnanlegestelle vorbei. Daß hier ein Laden vorgestellt wird wie ein Museum, hat einen Grund: Dieses Antiquitätengeschäft ist einzigartig in der Gegend. Und: Bei Rudolf Hirt kaufen Museen wertvolle Stücke für ihre Sammlungen. Hirt (Jahrgang 1951) hat als Sammler von schönem altem Tafelsilber, Aufsätzen und Vasen vor 20 Jahren angefangen, als sich der junge Ingenieur die erste eigene Wohnung einrichtete. Dazu kamen bald Porzellan – Meißen und Zwiebelmuster – und altes Glas: »Alles, womit man die eigene Wohnung schöner machen konnte, war damals für mich wichtig. Ich hab' gesammelt, was mir irgendwie gefiel. So fängt jeder an. Wissen hatte ich damals noch gar keins, das kam erst mit der Zeit.« Mit der Zeit kam auch die Gefährdung. Kunstbesitz war in der DDR steuerpflichtig, über diesen Hebel hatte man die Sammler in der Hand. Eine Denunziation oder ein Verdacht genügten: Hausdurchsuchung, Konfiskation der Sammlung und hohe Geld-, mitunter Haftstrafen folgten. Aber man hielt zusammen. Es kam vor, daß Sammlerfreunde die Strafe gemeinsam aufzubringen versuchten.

Als Hirt 1988 hier in Burg seinen Laden eröffnen wollte, konnte er zwar die Cottbusser Behörde mit einem verklausulierten Antrag hinters Licht führen, aber in Berlin, wo das Ganze auch noch genehmigt werden mußte (ein Lädchen im Spreewald!), paßte man besser auf: Nichts, was älter als 50 Jahre war, durfte im Laden liegen. So begann Hirt mit gebrauchten Kleidern. Dann, im Trubel des Novembers 89, gelang es, einem entnervten und kopflosen Beamten abends kurz vor Dienstschluß die entscheidende Unterschrift zu entlocken.

Seitdem hat der Spreewald auch außerhalb der Museen eine Adresse. In Lübbenau, Lehde, Dissen und Schlepzig – überall bekommt man bäuerliche Alltagskultur zu sehen, hier kann man das eine oder andere Stück erwerben. Bäuerliche Kultur seit der Jahrhundertwende überwiegt, Stoffe entstanden noch nach dem Ersten Weltkrieg oft im Haus. Spinnräder und Festtagstrachten der Bäuerinnen zeugen davon. Es gab Spinnräder für Leinen und für Wolle, handbemalt oder sogar, besonders wertvoll, mit Einlegearbeiten aus Zinn. War der Faden gesponnen, wurde er verwebt und der Stoff zu Hauben, Schürzen und Röcken der Bäuerinnen verarbeitet, vieles davon im alten Blaudruckverfahren gemustert. Solche Stücke sind selten geworden.

Hausrat war bis nach dem letzten Krieg auf dem Lande meist noch aus Ton. »Topfkerle« zogen mit dem Pferdewagen, oft auch nur mit Hundegespann oder Rückenkiepe von den Herstellungsorten (z. B. aus dem Fläming) über Land. Die intensive Gartenkultur des Spreewaldes mit ihrer Einlegewirtschaft hatte einen immensen Bedarf an Gurkentöpfen. Dazu kamen Weißbierflaschen, oft mit dem Familiennamen versehen, Wärmflaschen und Bettwärmer. Ein unscheinbarer kleiner Krug erweist sich als Kükentränke, die das Wasser nur tropfenweise herausläßt.

Petroleumlampen sind inzwischen fast so selten geworden wie Bauernuhren, quadratische Holzgehäuse, auf unterschiedliche Weise bemalt und geschnitzt mit armlangem Pendel und Kettengewichten. Teure Stücke. Ihr Ticken füllt den Raum.

Der Spreewald mit seiner sorbisch geprägten Kultur, seinem Spiegelungs- und Schattenreichtum hat früh das Interesse von Malern geweckt. Es waren nicht die großen Namen, die auf Dauer hierher zogen oder zu Arbeitsaufenthalten kamen, aber es entstand eine Pleinairmalerei, die sich durchaus sehen lassen kann, daneben auch Arbeiten bäuerlicher Sonntagsmaler; Hirt bietet auch solche Stücke an.

Neben Hausrat gibt es auch Spielzeug, Puppen, alten Schmuck, Arbeiten bäuerlicher Sonntagsmaler und Bücher. Wir fragen den Herrn über diese Schätze nach einem Tip für ein altes, aber – noch – nicht allzu teures Andenken aus dem Spreewald. »Versuchen Sie es doch mal mit Postkarten. Der Spreewald war von jeher Touristengegend, Ansichtskarten gehören seit 130 Jahren dazu: Zu Kaisers Zeiten in Buntdruck mit Flitter, später dann in Schwarzweiß.« Die Preise liegen unter zwanzig, zum Teil unter zehn Mark. Besonders preiswert sind dabei Karten aus früheren DDR-Zeiten, die oft noch Dinge zeigen, die inzwischen schon verschwunden sind.

TIP 152 **Bier per Bahn:** Eine originelle Kneipe gibt es ebenfalls in Burg. Bis vor 25 Jahren fuhr eine Schmalspurbahn durch den Spreewald, die »Spreewaldguste«; sie schuf eine Verbindung nach Goyatz am Schwielowsee, wo kleine Frachtschiffe Ladung übernehmen konnten. Als die Strecke stillgelegt wurde, stellte sich mancher einstige Spreewaldeisenbahner einen ausrangierten Güterwagen als Kaninchenstall in den Garten oder einen der altmodischen Personenwagen. Liebhaber haben nun das alles wieder ausgekramt und restauriert, der ehemalige Bahnhof von Burg wurde zum originellen Lokal, und im einstigen Güterschuppen kommt das bestellte Bier per (Spielzeug-)Eisenbahn an den Tisch.

Wer edler sitzen und essen – und vielleicht sehr gut übernachten – möchte, sei auf das 500 Meter weiter Richtung Burg Kolonie gelegene **Hotel »Zur Bleiche«** verwiesen.

Die Schinkelkirche in Straupitz: Mittelpunkt einer Standesherrschaft, wie Lübbenau, ist das am Nordrand des Oberspreewaldes gelegene Straupitz, Sitz des Grafengeschlechtes von Houwald.

Von weitem bereits sieht man die italienisierenden Zwillingstürme der Dorfkirche, die so gar nichts Dorfkirchliches an sich haben. Da der Spreewald hier ohne dichten Baumbestand einer flachen, gewässerdurchzogenen Parklandschaft gleicht, deren Gehölzgruppen und Eichenhaine wie angelegt anmuten, fühlt man sich von weitem an die Garten- und Schlösserlandschaft bei Potsdam erinnert. Und von deren berühmtestem Architekten, Karl Friedrich Schinkel (1781–1841), stammt der zwischen 1827 und 1832 errichtete Bau denn auch.

Eindrucksvoll ist die Westfassade. Zwei umlaufende Gesimsbänder gliedern den Baukörper. Die großen seitlichen Fenster machen das »Innere« hoch und weit, zwischen den Pfeilern zweistöckige Emporen, in Altarnähe die verglaste Patronatsloge. Die Ausstattung stammt aus der Schinkelzeit, u. a. die fünf Gemälde von Johann Friedrich Matthäi (um

1830/40). Stücke aus dem mittelalterlichen Vorgängerbau haben in Kirche und Pfarrhaus ebenfalls Platz gefunden. Sehenswert sind die zahlreichen **Grabmäler der Familie von Houwald**; sie stellen ein Stück Herrschafts- und Adelsgeschichte des Spreewaldes dar.

Vom **Gutshaus** selbst – gegenüber der Kirche bezeichnen zwei Obelisken den Eingang der Gutsallee – ist nur noch die äußere Bauhülle vorhanden (erbaut 1794). Ursprünglich hat sich an der Stelle eine mittelalterliche Wasserburg befunden. Heute beherbergt das Schloß eine Oberschule.

Vermutlich im 14. Jahrhundert bildete sich die Herrschaft Straupitz aus der Burggrafschaft Lübben heraus, sie erstreckte sich über sieben Dörfer. 1655 erwarb das ganze ein ehemaliger Soldat des Dreißigjährigen Krieges, ein Tuchmachersohn aus Grimma, der sich in verschiedenen, vor allem in schwedischen Diensten bis zum General hochgearbeitet hatte: Christoph v. Houwald. König Gustav Adolf hatte ihm wegen besonderer Verdienste bei der Eroberung von Frankfurt/Oder das Adelsprädikat verliehen. Sein Sohn bereits nahm die höchste Beamtenstelle der markgräflich niederlausitzschen Regierung ein. Zu ihren Nachkommen, die sich in eine gräfliche und eine freiherrliche Linie teilten, gehörte auch der Dichter Ernst von Houwald (1778–1845), der hier im Schloß geboren wurde. Seine Schicksalsdramen sind heute vergessen, und auch wer erwartet, aus seinen hübschen Kindergeschichten Eigentümliches über den Spreewald zu erfahren, wird enttäuscht. Zu zitieren bleiben einzig die Verse, mit denen er seinen Geschwistern eine Buchausgabe widmete:

Wohl trägt durch unbegrenzte Räume
Die Phantasie des Dichters Blick
Doch führen tausend süße Träume
Ihn in sein Jugendland zurück
Wo unter dicht belaubten Wipfeln
Die Spree eine Bahn sich fand
und mit den gotisch hohen Gipfeln
Das alte Schloß am Ufer stand.

Bismarckturm von Burg: Wer nicht auf dem Wasser, sondern mit Auto, Fahrrad oder zu Fuß unterwegs ist, hat es schwer, den Spreewald zu entdecken, er sieht bloß ein verwirrendes Gemisch von Dörfern und einzelnen Gehöften, großen und kleinen Gräben, Waldstücken, Ackerland und Wiesen. Struktur und Zusammenhang ließen sich am besten aus der Luft begreifen; als Ersatz für einen fliegenden Teppich gibt es auf dem Schloßberg nahe Burg (zwei Kilometer, ausgeschildert) seit 1917 einen Turm, genannt nach dem Reichsgründer, dessen Geburtstag sich 1915, als man den Grundstein legte, zum 100. Male jährte. Der Platz ist einer der wenigen Hügel des Spreewaldes, er erhebt sich sechs Meter aus der Flußniederung und trägt älteste Spuren von Siedlung: Bereits vor 5000 Jahren war er bewohnt.

Der Berliner Architekt Bruno Möhring lieferte den Entwurf für den Luginsland, ein schönes Stück Backsteinarchitektur.

Zwei schmale Wendeltreppen führen nach oben; wem schwindlig wird, der kann beim mittleren Aussichtspunkt die Drehrichtung wechseln. Das Obergeschoß auf sechseckigem Grundriß springt stark zurück und führt zum letzten Ausguck, 33 Meter über der Spree.

Richtung Norden erkennt man unschwer die Doppeltürme der Straupitzer Kirche, Richtung Südosten sieht man den charakteristischen Turm der Werbener Kirche (3 Kilometer) und bei gutem Wetter auch den ganz ähnlichen der Kirche von Papitz. Im Südosten liegt Burg, nach Westen zu aber blickt man auf das Gewirr des Oberspreewaldes. Wer mit etwas genauerem Orientierungsgefühl herabsteigt, sollte in der Eingangshalle einen Blick auf die Ornamentierung in Terrakotta werfen, mit ihrem Spät-Jugendstil paßt sie hervorragend zu den Calauer Klinkern, aus denen der Turm aufgeführt ist.

TIP 150

ZU FUSS UND PER RAD. Natürlich läßt es sich im Spreewald wandern. Wanderwege führen längs vieler Fließe. Und die vielen kleinen Verbindungsstraßen zwischen den kleinen Orten, Siedlungen und Ausflugsgaststätten bieten sich zum Radfahren geradezu an, man kann Räder mieten.

Eines aber sollte klar sein: Vom Land aus erschließen sich einem die besonderen Reize des Spreewaldes immer nur teilweise, leicht kommt er einem dann wie eine gleichmäßige, ein wenig zersiedelte Wiesenlandschaft vor. Erst wer auf Gräben und Spreearmen unterwegs war, kann sagen, daß er den Spreewald kennt.

AUF DEM WASSER. »Selbst die reichen Herden dieser Gegend wirbeln keinen Staub auf, sondern werden ins Boot getrieben und gelangen in ihm von Stall zu Stall oder von Wiese zu Wiese.« Ein Schelm, wer bei dieser Stelle aus Fontanes Spreewaldbeschreibung an die Omnibusse voller Touristen denkt, die sommers, an den Landestegen abgesetzt, die langen, flachen Boote der Kahnfährleute besteigen. Aber die Boote sind die gleichen, mit denen früher Grünfutter, Heu und Vieh befördert wurde: »Der tägliche Verkehr bewegt sich auf diesem endlosen Flußnetz und wird nur momentan unterbrochen, wenn auf blumengeschmücktem Kahn, Musik vorauf, die Braut zur Kirche fährt oder wenn, still und einsam, von Leidtragenden in zehn oder zwanzig Kähnen gefolgt, ein schwarzverhangenes Boot stromabwärts gleitet.«

Ganz so wird man es heute nicht mehr finden. Aber mag das Gedränge in den Fährhäfen von Lübben, Lübbenau und Burg an schönen Wochenenden auch noch so groß sein: Erst einmal unterwegs auf dem Wasser, verliert sich der Eindruck eines Massenvergnügens schnell, und der Reiz einer solchen Kahnfahrt bleibt von Mai bis Oktober groß.

Die großen Fährhäfen bieten den Vorteil, daß man nicht nur am Wochenende, sondern auch alltags vom Morgen bis zum späten Nachmittag ohne Voranmeldung zur Kahntour aufbrechen kann. Die Genossenschaften der Kahnfährleute garantieren den Betrieb.

Wer es trotzdem einsamer liebt, kann sich in einem der kleineren Orte einen Fährmann suchen und mit ihm Fahrpreis und Route aushandeln. Er wird aber alltags nicht selten auf Schwierigkeiten stoßen, weil der Fährmann tagsüber arbeitet oder sonst gerade nicht da ist. Mit diesen Einschränkungen bieten praktisch alle Orte des Spreewaldes Abfahrtmöglichkeiten.

Besonders hinzuweisen ist auf die Touren im Unterspreewald. Zwar bietet sich Lübben, auf der Grenzscheide gelegen, auch als Ausgangspunkt für Fahrten in diesen weniger häufig besuchten Spreewaldabschnitt an; es gibt jedoch auch näher an Berlin gelegene Möglichkeiten: In Schlepzig, Leibsch und Groß-Wasserburg offerieren alteingesessene Betriebe Kahnfahrten durch die Grabengebiete des Landschaftsschutzgebietes von Puhlstrom, Wasserburger Spree und Hauptspree an, die lohnend sind. Wiesenstrecken wechseln mit Wegen durch hochstämmigen Wald ab. Eine gute Alternative zum Oberspreewald.

Zeltverdecke, Ausstattung mit Tischchen, um während der Fahrt zu essen, eine Spreewälderin oder ein Spreewälder in Tracht, die das Boot staken, bis zur Musikkapelle: Alles ist – rechtzeitige Absprache vorausgesetzt – möglich.

Mit dem Paddelboot durch den Oberspreewald. So schön eine Kahnfahrt mit kundigem Fährmann auch sein mag: Alle, die ein wenig Zeit mitbringen, sollten sich ein Paddelboot leihen und auf eigene Faust die einzigartige Wasserwelt erkunden. **TIP 149**

Nur Mut: Auch wer noch nie in so einem schmalen Schiffchen gesessen hat, kommt schnell damit zurecht. **Kleiner Tip:** Anfänger sollten auf die in manchen Booten vorhandene Fußsteuerung verzichten – sie ist mit einem Handgriff zu entfernen – und nur mit den Doppelpaddeln steuern; das ist einfacher, denn man macht es instinktiv richtig. Auf keinen Fall sollte man die eigene Kreuzfahrt mit den manchmal ebenfalls angebotenen Ruderkähnen unternehmen, die Unerfahrenen auf den ersten Blick vertrauenerweckender scheinen mögen; sie sind gut zum Angeln, vorwärts kommt man mit ihnen jedoch schlecht, und erst in einer gewissen Entfernung von Stadt und Bootsvermietung wird es so richtig spreewälderisch schön und einsam.

Für jede Art Wasserfahrzeug gilt übrigens: Planken sind hart, eine mitgebrachte Decke oder ein Kissen machen die Fahrt komfortabler.

Furcht, sich im Gewirr der Gräben und Fließe zu verirren, braucht nicht zu haben, wer ein paar Regeln beachtet: Man sollte auf die übersichtliche, schematisierte Karte des Grabenlabyrinthes, die die Vermieter anbieten, nicht verzichten und sich die Namen (an den Kreuzungen stehen fast immer Schilder mit dem Gewässernamen) einprägen, nach etwa einem Drittel der zur Verfügung stehenden Zeit eine Pause machen und anschließend langsam an den Rückweg denken. **Hinweis:** gegen die – nicht sehr kräftige – Strömung losfahren, damit man sich geruhsam treiben lassen kann, wenn die Arme müder werden.

In den Karten findet man **Schleusen** eingezeichnet, alte Bauwerke zur Selbstbedienung, die es so nur hier gibt. Sie helfen, den Wasserstand im Spreewald zu regulieren. Es sind technische Denkmale, die dem unkundigen Benutzer auf emaillierten Schildern darlegen, wie es geht; auch Anfänger kapieren es schnell. Am Wochenende sind die Schleusen der Hauptverkehrswege darüber hinaus mit Bedienungspersonal besetzt, nicht selten Kinder, die sich ein bißchen Trinkgeld verdienen möchten.

Vier gesetzliche Bestimmungen gelten für den Wasserwanderer, man kann sie sich leicht einprägen, weil sie dem gesunden Menschenverstand entsprechen:

Spreewaldkähne haben grundsätzlich Vorfahrt.

Das Aussteigen in Naturschutzgebieten und das Anlegen an Kahnhäfen ist verboten.

Das Befahren von Wehranlagen ebenfalls.

Alkohol ist tabu.

Und nun gute Fahrt und viel Vergnügen!

Im Winter. 1995 auf 96 waren die Fließe dick vereist, Schlittschuhläufer wußten das zu schätzen, auch Spaziergänger, Wanderer und sogar Skiläufer! Aber Vorsicht an Abschnitten mit starker Strömung wie der Hauptspree im Unterspreewald! Auf kleineren Gräben ist es dagegen sicher.

Als Quartier sei der Landgasthof **»Am Grünen Strand der Spree«**

Spreewälder Kanal-Kreuzung

empfohlen; im Winter finden dort im schön renovierten Wirtshaussaal regelmäßig Konzerte statt; der Eintritt ist frei.

Auch mit dem Besuch eines **Kirchenmusikabends** in der herrlichen Barockkirche von Lübbenau oder einem **Theaterbesuch** in Cottbus läßt sich ein Winterausflug verbinden.

Spreewaldorte

Wer per Boot, mit dem Rad oder zu Fuß unterwegs ist, wer zu Hause auf der Karte Ausflüge und Wanderungen plant, der möchte gern wissen, was ihn erwartet. Wir haben daher 49 Spreewaldorte ihrem Erscheinungsbild nach charakterisiert; kaum einer wäre für sich genommen eine Sehenswürdigkeit, aber es ist auch keiner darunter, der nicht seine landschaftstypischen Besonderheiten und Reize hätte.

UNTERSPREEWALD

Groß-Wasserburg: Nördlichster Punkt des Unterspreewaldes, guter Ausgangspunkt für Boots- und Radtouren in das Gebiet. Das Dorf selbst bietet, sieht man von der Armseligkeit seiner einstöckigen Häuser ab, wenig Charakteristisches.

Hartmannsdorf: Am südlichen Eingang zum Unterspreewald, drei Kilometer nördlich Lübben gelegenes Angerdorf an der Spree. Der ausgedehnte Ort besitzt ansehnliche Putz- und Klinkerbauten aus der Zeit um die Jahrhundertwende, teilweise mit Detaillierungen, wie sie für die Lausitz typisch waren.

Köthen: Ort und gleichnamiger See gehören nicht eigentlich zum Spreewald, obwohl, geologisch gesehen, Köthener und Neuendorfer See die tiefsten Stellen jener eiszeitlichen Gletscherrinne bilden, der der Unterspreewald sein Dasein verdankt. Der kleine Ort bildet einen reizvollen Ausgangspunkt für Wanderungen und Fahrten nach Groß-Wasserburg, Leipsch und Schlepzig. Die Lage des kleinen Angerdorfes und seine Bauten bieten ein sehr idyllisches Bild. Mittlere und kleine Landhausbauten der ersten Jahrhunderthälfte bestimmen den Ort.

TIP 154 **Krausnick:** Straßendorf am nordwestlichen Rand des Unterspreewaldes, über einen Graben mit dem Randkanal verbunden. Wanderwege führen zahlreich in das nördlich gelegene, nicht mehr zum Spreewald gehörende Landschaftsschutzgebiet, über die Krausnicker Berge (140 m) zum Köthener See und nach Groß-Wasserburg. Da das Gelände hier stark ansteigt und zahlreiche Hügel ein ganz untypisches Bild bieten, ist der Ort wegen seiner Eigenart ganz besonders merkwürdig. Zahlreiche Fachwerk-, Putz- und Klinkerbauten des 19. und beginnenden 20. Jahrhunderts überliefern die Bauweisen der Gegend; hübscher, frisch restaurierter Zentralbau einer barocken Fachwerkkirche.

Leibsch: In der Spreeniederung zwischen Köthener und Neuendorfer See gelegen, bietet es sich als Ausgangspunkt für Kahnfahrten und Radtouren in den Unterspreewald an, von der Wasserseite aus hat man idyllische Blicke in alte Gehöfte.

Lubolz: Vier Kilometer nordwestlich Lübben gelegen, über den Kabelgraben mit der Spree verbunden. Fußwege nach Hartmannsdorf und Richtung Groß-Wasserburg in das Innere des Unterspreewaldes.

Klein-Lubolz: Ausgedehnte Siedlung mit zum Teil alter Bausubstanz. Kleine Gebäude des Katen-Typs fallen auf; hölzerne Vorlauben; bei Klinkerbauten blinde Giebelfenster, Zierbänder u. ä.

Groß-Lubolz: Neben Schlepzig das schönste Dorf des Unterspreewaldes, sicher aber das mit der ältesten Bausubstanz. Das langgestreckte Straßendorf zeigt noch den wohl ursprünglichen Bautyp aus dem 18. und frühen 19. Jahrhundert.
Zum Ortsbild gehört die winzige Fachwerkkirche des 18. Jahrhunderts mit polygonalem Ostschluß.

Lübben: Linker und rechter Höhenrand der Spreewaldaue nähern sich hier auf einen Kilometer. Im Mittelalter sicherte eine deutsche Burg den Spreeübergang. Der Ort wird erstmals 1150 erwähnt, im 15. Jahrhundert wurde eine Stadtmauer aus Ziegeln und Raseneisenerz errichtet (Reste erhalten). Von 1666 bis 1815 bildete das Städtchen den Sitz der Oberamtsregierung der sächsischen Niederlausitz und kam nach 1815 zu Preußen. **TIP 148**

Neuendorf am See: Gut geeignet als Ausgangspunkt für Ausflüge nach Leibsch und Groß-Wasserburg. Das idyllisch gelegene alte Bauern- und Fischerdorf besitzt eine Reihe schöner giebelständiger Putzbauten mit hölzernen Vorlauben aus der Zeit der Jahrhundertwende.

Neu Lübbenau: Kleiner Ort an der B 179, in Sichtweite der Krausnicker Berge gelegen, geeignet als Ausgangspunkt für Ausflüge in den Unterspreewald und zum Neuendorfer See. Die Häuser des Ortes bieten wenig Charakteristisches; eigenwilliger Kirchenbau der Zwischenkriegszeit.

Schlepzig: Schön gelegenes Straßendorf am Ostrand des Unterspreewaldes, von der Hauptspree und mehreren Fließen durchzogen, mit Putz- und Klinkerbauten der Jahrhundertwende. Fachwerkkirche von 1782 mit polygonalem Ostschluß; quadratischer eingezogener Westturm im oberen Teil verbrettert. Innen gemalter barocker Wolkenhimmel; Kanzelaltar aus der Bauzeit. **TIP 150**
Guter, leicht erreichbarer Ausgangspunkt für Kahn- und Paddelbootfahrten im Unterspreewald.

OBERSPREEWALD

Alt-Zauche (Stara Niva): Am Nordwestrand des Oberspreewaldes, am Nordumfluter gelegener kleiner Ort, dessen Bild trotz einzelner Beispiele traditioneller Backsteinbauweisen durch Siedlungshäuser der **TIP 149**

letzten Jahrzehnte geprägt ist. Die touristische Infrastruktur ist gut entwickelt.

Babow (Bobow): Am Südrand des Oberspreewaldes gelegenes Straßendorf mit zahlreichen giebelständigen Häusern des 19. Jahrhunderts, die teilweise hübsche Backsteindetails zeigen. Über das Greifenhainer Fließ besteht eine Wasserverbindung zum Südumfluter.

Brahmow (Brama): Kleines Gutsdorf, am Gulbener Landgraben gelegen. Das ehemalige Gutshaus stammt vom Anfang des 19. Jahrhunderts.
Gut erhaltenes Ortsbild; die kleine Siedlung liegt abgeschlossen in der unzersiedelten Landschaft. Neben schönen Putzbauten der Jahrhundertwende finden sich Reste bäuerlicher Bauweisen aus Holz und Backstein.

Briesen (Brjazyna): Sehenswert ist nur die Kirche, ein spätgotischer Backsteinbau, mit charakteristischem östlichen Stufengiebel; der Dachturm stammt von 1804.
Innen findet der Besucher eindrucksvolle Wandmalereien aus der Erbauungszeit der Kirche; Nord-, Ost- und Südwand erzählen die Leidensgeschichte Christi. Bemerkenswert ist auch der barocke Altar von 1701 aus Lausitzer Werkstatt (Muskau, Dreißigmark).

Briesensee (Brjazyna): Reizvoller Ort, zehn Kilometer von Lübben am Nordrand des Oberspreewaldes gelegen, in knapp zwei Kilometer Entfernung vom See.

TIP 149 152 153

Burg (Borkowy): Man hat Burg – Tourismuszentrum im Oberspreewald – schon als größtes Dorf Deutschlands bezeichnet; sein Siedlungsgebiet dehnt sich über mehrere Quadratkilometer. Die mitten im Oberspreewald gelegene Streusiedlung gilt als Zentrum slawischer Kultur im Spreewald; bis zum Beginn des Fremdenverkehrs vor etwa hundertzwanzig Jahren bildete hier das Wendische oder Niedersorbische die Sprache des Alltags, und auch heute noch wird es von den Älteren verstanden. Als Teil des Amtes Cottbus gehörte Burg im Gegensatz zum übrigen Spreewald bereits seit dem Spätmittelalter zu Brandenburg. Eine Ortschaft außerhalb der Burg bestand damals freilich noch nicht. Die »Kaupen«, Sandhügel, die sich leicht über das Niveau der Spreewaldaue erhoben, wurden erst unter Friedrich Wilhelm I. besiedelt (Burg-Kauper), nach 1749 entstand unter Friedrich II. Burg-Kolonie. Wichtigster »Teil« Burgs ist eine Straße, die Ringchaussee. Sie verbindet Dorf, Kolonie und Kauper miteinander und führt zugleich durch einen der schönsten und – noch – ursprünglichsten Teile des Spreewalds.

Byhleguhre (Bela Gora): Ausgedehntes Spreewalddorf am nördlichen Rand des Oberspreewaldes, zwischen Burg und Straupitz gelegen und über Byhleguhrer Mühlspree und Nordfließ mit dem Nordumfluter verbunden; nahebei der gleichnamige See.

Dahlitz (Dalic): Winziges Straßendorf am Landweg Vetschau-Cottbus, fünf Kilometer vor Cottbus. Fahrwege nach Kolkwitz und längs des südlich gelegenen Unterteiches nach Glinzig und zur B 115. Ein Fließ am Südrand stellt über den Ströbitzer Landgraben eine Verbindung zum Greifenhainer Fließ her.

Dissen (Desno): Im östlichen Teil des Oberspreewaldes gelegen, weist das über Gräben mit der Hauptspree verbundene Angerdorf zum Teil eine geschlossene Bebauung traufständiger, miteinander verbundener Höfe auf. Die Kirche ist ein großer Fachwerkbau von 1778. Der Turm aus Backstein wurde 1868 errichtet, daneben Heimatmuseum in der alten Schule. **TIP 150**

Döbbrick (Depk): Im östlichen Oberspreewald nahe Peitz an der Spree gelegener Ort mit teilweise geschlossener Bebauung traufständig miteinander verbundener Gehöfte und einzelnen Lehmfachwerkbauten. Die für den Spreewald untypische barocke Kirche besitzt eine verputzte Westfassade mit Volutengiebel, ähnlich städtischen Bauten der Lausitz, darüber einen verbretterten Dachturm.

Drehnow (Drjenow): Langgestrecktes Straßendorf im Oberspreewald an der Malxe nahe Peitz mit Resten alter Bebauung; so besitzen manche Höfe noch Stallgebäude mit vorkragenden Oberlauben, in denen früher das Gesinde wohnte. Guter Ausgangspunkt für Ausflüge in den oberen Spreewald etwa nach Fehrow oder Maiberg.

Fleißdorf (Dlugi): Zwei Kilometer nördlich Vetschau an der Landstraße nach Burg-Kolonie gelegener winziger Rundling. Durch einen Graben am Nordrand ist Fleißdorf mit dem Südumfluter verbunden; die Stradower Teiche liegen in Sichtweite, ein Fußweg führt dorthin und nach Stradow selbst. Fleißdorf ist eines der verwunschensten Spreewalddörfer.

Fehrow (Prjawow): Kleiner Ort, am Nordrand des Oberspreewaldes und am Hammerstrom gelegen. Die neugotische Kirche auf kreuzförmigem Grundriß mit hohem, spitzgiebeligem Westturm bietet einen etwas nüchternen Anblick, ebenso die glattgeputzten Häuser, an denen sich nur noch vereinzelt traditionelle Architekturmerkmale finden lassen. Aber hier in Fehrow tragen vor allem die älteren Frauen auch alltags noch Schürzen und Röcke aus traditionellen Stoffen, und auch an ganz normalen Sonntagen gehen sie in Tracht, wenn auch ohne die typische Haube, zur Kirche.

Guhrow (Gory): Straßendorf im östlichen Oberspreewald, durch Gräben mit der Spree verbunden. Obwohl Charakteristika der äußeren Gestaltung fast überall durch glatten Putz und moderne Fenster verdrängt wurden, fällt die verhältnismäßig geschlossene Bebauung mit giebelständigen Wohnhäusern und Katen auf.

Kolkwitz (Golkojce): An der B 115 dicht vor Cottbus gelegenes großes Dorf, das über den Priorgraben mit dem Greifenhainer Fließ verbunden ist. Bundesstraße und Großstadtnähe haben Kolkwitz stark verändert, jedoch bietet der alte Ortskern zahlreiche Beispiele von Landhäusern Cottbusser Bürger. Die spätgotische Backsteinkirche wurde 1876 erweitert und – behutsam – umgestaltet; daneben steht das sehr ansehnliche Pfarrhaus (18. Jahrhundert).

Kolkwitz eignet sich nicht zuletzt wegen seines Bahnanschlusses gut als Ausgangspunkt für Touren in den östlichen Oberspreewald.

Kunersdorf (Chojany): An der Kreuzung des Landweges Vetschau-Cottbus und der Straße Limberg-Gubrow gelegenes Straßendorf. Über den Ströbitzer Landgraben mit dem Greifenhainer Fließ verbunden. Fußweg zum nahen Bahnhof Papitz. Der Ort liegt schön an Teich und Graben, besitzt jedoch kaum noch traditionelle Architektur.

TIP 151 152

Lehde (Ledy): Bis 1929 nur auf dem Wasserweg zu erreichendes typisches Dorf des Oberspreewaldes; die Tiere wurden in Ställen gehalten, weil die Wiesen zur Weide zu sumpfig waren. Für den Gemüseanbau wurden kleine Flächen künstlich erhöht. Die gut erhaltene Bebauung aus dem 19. Jahrhundert wurde seit den fünfziger Jahren zu einem Freilichtmuseum ergänzt.

Leipe (Lipje): Gemüsebau und die typische Form der Spreewälder Viehwirtschaft bilden neben dem Tourismus (Kahnfahrten) und dem

Fischfang den Erwerb des erst seit 1936 auf dem Landweg erreichbaren alten Spreewalddorfes. TIP 152 153

Von Land aus bietet der Ort einen disparaten Anblick: Wochenendhäuser herrschen vor. Schön wird es erst von der Wasserseite aus. Zahlreiche Höfe zeigen die traditionelle Bauweise, wenngleich heute meist Ferien- und Freizeitzwecken dienend.

Leipe bietet sich als Paddelziel spreeaufwärts von Lübbenau aus an. Auch Kahnfährleute wählen es wegen seiner Gaststätten gern als Ziel.

Limberg (Limbarg): Am Südrand des Oberspreewaldes an der B 115 zwischen Vetschau und Cottbus gelegenes Straßendorf. Die einstöckigen Gutsbauten des 18. Jahrhunderts unter Krüppelwalmdächern am Westrand des Ortes nahe der Bundesstraße harren ihrer Wiederherstellung.

In Limberg läßt sich der Geländeabfall in die Flußniederung des Spreewaldes besonders gut beobachten, wenn man von der Bundesstraße in die Dorfstraße einbiegt.

Lübbenau (Lubnjow): Heute durch den riesigen Bau des stillgelegten Braunkohlekraftwerks mit seinen weithin sichtbaren Schornsteinen, gigantischen Stromleitungs- und Umspannfeldern sowie einer Neubausiedlung gekennzeichnet, ist Lübbenau in seinem Altstadtteil doch Zentrum des Spreewaldtourismus mit guter touristischer Infrastruktur. Zur Geschichte des früheren Ackerbürgerstädtchens vgl. »Kirchen, Schlösser …« TIP 149 150

Maiberg (Majberk): Langgestreckte Ansammlung kleiner Gehöfte zwischen Hammerstrom und Spree. Hier kann man die Weite und Einsamkeit der polderartigen Landschaft des östlichen Spreewaldes erleben.

Milkersdorf (Gornej): Kleines Straßendorf am Landweg Vetschau-Cottbus, Fuß- und Fahrwege nach Krieschow, Papitz, Brahmow/ Werben. Am westlichen Dorfrand fließt der Priorgraben. Zahlreiche ältere Putzbauten finden sich, und im Ortsmittelpunkt steht noch das ehemalige Gutshaus, ein fünfachsiger Bau des 18. Jahrhunderts.

Müschen (Mysyn): Angerdorf nahe Burg am Landweg nach Vetschau. Fuß- und Fahrwege führen nach Werben, Brahmow und Babow. Der Ströbitzer Landgraben im Süden stellt die Verbindung zum Greifenhainer Fließ und zum Südumfluter her.

Wenig Ursprüngliches hat sich erhalten, so ein ehemaliges Gutshaus im nachklassizistischen Stil.

TIP 153 **Naundorf (Njabozkojce):** Am Landweg von Vetschau nach Burg-Kolonie gelegener Ort mit zahlreichen Fachwerk- und Holzbauten. Die idyllische Dorfstraße führt längs des Grabens, auf dem sich früher das meiste Leben abgespielt hat. Fuß- und Fahrwege nach Müschen und Burg-Dorf. Das Greifenhainer Fließ stellt die Verbindung zum Südumfluter her. Fleißdorf und die Stradower Teiche liegen in Sichtweite.

TIP 148 **Neu Zauche (Nowa Niwa):** Kleiner Ort am Nordrand des Oberspreewaldes an der B 320 nahe Straupitz und über die Neu Zaucher Kahnfahrt mit dem Gewässersystem verbunden. Außer einer neugotischen Kirche in sehr klaren Formen, vor kurzem gründlich restauriert, und einem zur Spreeniederung hin gelegenen, stark modernisierten Gutshaus bietet der Ort wenig alte Bausubstanz.

Papitz (Popojce): Größeres Angerdorf am Landweg nach Briesen zwischen Cottbus und Vetschau. An drei Seiten von Gräben umflossen, die hauptsächlich zum Gulbener Landgraben hin entwässern. Fuß- und Fahrwege nach Dahlitz und Sielow bis Cottbus.

Das Innere der Dorfkirche ist nahezu schmucklos. Auffällig sind die zahlreichen Mauernischen an den Wänden in Kopfhöhe, einige spitz-, andere rundbogig. Ihre ursprüngliche Funktion ist unklar. An der Südseite befindet sich die ehemalige Patronatsloge, eine gewaltige Holztür führt in die Sakristei. Rührend ist das barocke Epitaph für die junge Gutsherrin Anna Sabine von Pannwitz, die mit 20 Jahren 1658 im Wochenbett starb.

Gegenüber der Kirche, am Rande des Angers, liegt das ehemalige Gut, heute Altersheim, die Gebäude sind zum Teil restauriert.

Zahlreiche Häuser des Ortes in braunem und rotem Backstein tragen Lausitzer Gepräge, vor allem rundbogige Blindfenster in den Giebelwänden.

Peitz: Städtchen am Ostrand des Spreewaldes, aber noch nicht zu ihm gehörend, an Malxe und Hammerstrom gelegen, die den Norden des Spreewaldes durchfließen. Alte brandenburgische Festung, wie Spandau bei Berlin durch die Italiener Chiramella di Gardino und Graf Rochus zu Lynar in der zweiten Hälfte des 16. Jahrhunderts errichtet. Die Werke wurden bereits 1764 aufgegeben (geringe Reste). Tuchindustrie und frühe Verarbeitung von Raseneisenerz (Hammerstrom!), vor allem aber die ausgedehnte Teichwirtschaft machten die Stadt wohlhabend. Die Unterschicht sprach bis ins 20. Jahrhundert hinein sorbisch.

Raddusch (Radus): Verkehrsgünstig an der B 115 und der Cottbusser Bahnlinie gelegen, ist das über den Mühlengraben mit dem Südumfluter verbundene Raddusch am Südrand des Oberspreewaldes ein Spreewalddorf mit zum Teil noch wendisch geprägter Bevölkerung. Viele Häuser stammen aus dem vorigen Jahrhundert und zeigen noch Zierformen aus Backstein.

Radensdorf (Radom): An der B 320, sechs Kilometer von Lübben entfernt gelegenes Straßendorf am Nordrand des Oberspreewaldes, über Gräben mit der Alt-Zaucher-Spree verbunden. Fahrwege führen ins Innere des Spreewaldes. Das alte Dorfbild zeigt Klinkerbauten aus der Zeit nach der Jahrhundertwende; an manchen älteren Wohngebäuden fallen Details wie geschnitzte Fensterrahmen oder schöne Türen auf.

Ruben (Rubyn): Winziger Ort am Landweg Limberg-Guhrow. Ein Graben an der Nordseite entwässert über den Gulbener Landgraben in den Südumfluter. Fuß- und Fahrwege führen zu allen Orten der nahen Umgebung. Gut erhaltene Putzbauten des 19. und vereinzelt des 18. Jahrhunderts mit zum Teil aufwendigen Detaillierungen; z. B. an der ehemaligen Gaststätte in der Dorfmitte. Das einsame Örtchen sollte, wer etwa von Limberg oder Kolkwitz nach Werben wandert, nicht versäumen.

Schmogrow (Smogorjow): Straßendorf am nördlichen Rand des Oberspreewaldes; unmittelbar an seinem südlichen Rand verläuft das »Byhlegurer Schneidemühlfließ«, das hier in das »Große Fließ« mündet. Die Spree mit ihren Deichufern ist wenige hundert Meter entfernt. Der langgestreckte Ort bietet Reste schöner Putzbauten und einiger Katen.

Stradow (Tsadow): Zwei Kilometer nördlich von Vetschau gelegenes Angerdorf. Die Reste alter Lehmfachwerk- und Holzbauten dürften binnen kurzer Zeit verschwunden sein. Die nach Dutzenden zählenden Drähte der Hochspannungsleitungen, die von Lübbenau her an seinem Südrand vorbeiführen, und die ausgedehnten Teiche, durch die es am Ost- und Nordrand begrenzt wird, bestimmen das Ortsbild. Ein Paradies für Angler.

TIP 153 **Straupitz (Tsupc):** Am nördlichen Rand des Oberspreewaldes gelegen, ist es durch den Waldgraben beim Schloß mit dem Gewässernetz verbunden. Straupitz war früh Mittelpunkt eines selbständigen Herrschaftsbezirkes. Es lohnt, den Ort zu durchwandern, der besonders in den kleineren Straßen nördlich der Kirche noch Beispiele der früher hier gepflegten Hausbauweisen zeigt.

Striesow (Strjazow): Kleines Dorf des östlichen Oberspreewaldes, am Südumfluter gelegen. Architektonisch Charakteristisches ist zwar hinter dem DDR-Normalputz verschwunden, aber der Ort liegt wunderschön in unzersiedelter Polderlandschaft und bietet sich als Ausflugsziel von Burg (5 km westlich) oder als Ausgangspunkt für eine Radtour nach der einsamen Siedlung Maiberg an.

Vetschau (Vetosow): Vetschau wurde im Zweiten Weltkrieg durch Kämpfe und anschließend durch sein jahrelanges Schicksal als Militärort schwer in Mitleidenschaft gezogen.

Das Renaissanceschloß ist heute Sitz der Stadtverwaltung. Von einstiger Schönheit blieb nichts übrig als der Baukörper mit seinem engen Innenhof. Der Ursprung des Schlosses als Wasserburg ist vom Park aus noch gut zu erkennen. Interessant ist die Kirche: Neben dem großen Barockbau (1690–1694) steht die kleinere »Wendische« oder »Landkirche«, die ihre heutige Gestalt auf mittelalterlichen Fundamenten im vorigen Jahrhundert erhielt. Hierher kamen die Einwohner der umliegenden, zum Adelsbesitz zuletzt der von Lynar gehörenden wendischen Dörfer zum Gottesdienst. Die Grafen Lynar verkauften das Schloß 1920 an die Stadt, ihre Güter an eine Bergwerksgesellschaft. Wer von Lübbenau aus auf der Autobahn hierher gekommen ist, hat an der Mondlandschaft zur Rechten bereits gesehen, was bis heute daraus geworden ist. Die Türme des Groß-Kraftwerkes Vetschau sind weithin über den östlichen Spreewald zu sehen, und die Hochspannungsleitungen laufen quer hindurch.

Vetschau bietet sich durch seine Bahnanbindung als Ausgangspunkt für Spreewaldausflüge in die Dörfer der Burger und Werbener Gegend an.

Werben (Wjerbnow): Ausgedehnter, fast kleinstädtischer Ort im südlichen Oberspreewald nahe Burg am Landweg Burg-Cottbus. Über Gräben mit dem Gulbener Landgraben und dem Südumfluter verbunden. Im Ortskern finden sich einzelne Beispiele von Putz- und Klinkerbauten der Jahrhundertwende mit für die Lausitz typischen Details. Werben besitzt in seiner spätgotischen Backsteinkirche eine der größten

Landkirchen der Niederlausitz. Turm und Schiff brannten Ende des Krieges völlig aus. Die heutige Ausstattung stammt aus einem Dorf der Niederlausitz.

Wusswerk (Wozwjerch): Am Nordrand des Oberspreewaldes zwischen Neu- und Altzauche gelegene Siedlung, die über Gräben mit der Alt-Zaucher Kahnfahrt verbunden ist. Der wunderschöne, einsame kleine Ort bietet viel altes Fachwerk, das freilich sehr baufällig ist. Der Ort ist eine der seltener werdenden Idyllen und bietet sich von Lübben aus als Ziel einer rund eineinhalbstündigen Wanderung an.

Cottbus mit Park und Schloß Branitz

COTTBUS. Wo der Spreewald zu Ende ist (eigentlich: wo er anfängt, denn von Berlin her guckt man ja falsch herum), liegt Cottbus. Kaum jemand fährt wegen der Stadt selbst nach Cottbus, so anheimelnd-altertümlich die niederlausitzischen Schweifgiebel des Altmarktes auch wirken mögen. Wer nicht in Geschäften kommt, kommt wegen Pückler. Von Berlin Richtung Südwesten erreicht man bei Wörlitz Deutschlands ältesten, Richtung Südosten mit Branitz bei Cottbus Deutschlands jüngsten Landschaftspark von europäischer Bedeutung. Eine Bundesgartenschau hat 1995 Stadt und Gartendenkmal noch enger aneinander gebunden, auf dem **Buga-Gelände** zeigt z. B. ein **Tertiärwald,** welche Baumarten sich bei uns vor ein paar Millionen Jahren anzusiedeln begannen. Die Parkeisenbahn, mit der man auch nach Branitz zum Fürsten Pückler fahren kann, ist eine Attraktion vor allem für Kinder.

TIP 154 155 156 157

Und noch einen Grund gibt es, warum Berliner häufiger die Bahnstunde von Lichtenberg oder die Autobahnfahrt auf der A 15 auf sich nehmen: das Cottbusser **Theater.** Nicht nur des Hauses wegen, Deutschlands einzigem Jugendstiltheater, wohlrestauriert in sattem Rot und Gold, sondern weil die Aufführungen von Musik- und Sprechtheater überregional beachtet werden.

Viel ist geschehen seit der Wende; es gibt neue Hotels, die Altstadt wird restauriert, auch nach Mitternacht findet man offene Lokale. Der Atmosphäre und dem Straßenbild haben die Gründung der Technischen Universität und einer Fachhochschule gutgetan.

Cottbus ist alt: Wahrscheinlich bereits im 10. Jahrhundert entstand an der Stelle eines slawischen Burgwalls eine deutsche Burg am Flußübergang der alten Salzstraße von Halle nach Schlesien auf dem linken Spreeufer. Das Geschlecht der Herren von Cottbus entwickelte sich aus

Theater Cottbus

den kaiserlichen Burggrafen, von denen der erste mit dem Namen Heinrich 1156 erwähnt wird. Deren Wappen ging auch in die frühen Stadtsiegel und das spätere Stadtwappen von Cottbus ein: der Krebs.

Im Schutz der Burg entwickelte sich eine Kaufmannssiedlung, durch Tuchmacher und Leineweber wurde sie wohlhabend.

Im Gegensatz zur übrigen Lausitz kam Cottbus – zur Stadt gehörte ein ausgedehntes Herrschaftsgebiet – früh, bereits im 15. Jahrhundert, zu Brandenburg.

Friedrich der Große förderte die Stadt und ihre Manufakturen. Die Tuchmacherei blieb auch im 19. Jahrhundert wichtigster Industriezweig.

Preußen hin, Friedrich her, kulturell gehört Cottbus zur Lausitz. Im historischen Zentrum der Altstadt merkt man das: Die Fassaden der Bürgerhäuser des Obermarktes mit Schweifgiebeln weisen eher nach Süden als nach Norden, nach Böhmen, zu dem die Lausitz lange gehört hat, und nach Schlesien.

Von den Museen der Stadt seien zwei besonders empfohlen, die sich an einem Regentag auch für einen Besuch mit Kindern eignen. Im Haus Altmarkt 24, das in Teilen aus dem 16. Jahrhundert stammt, befand sich
TIP 155 einst die Löwenapotheke von 1568. Heute ist hier das **Niederlausitzer Apothekenmuseum** untergebracht. Auf der Spitze des Giebels balanciert eine Skulptur der »Hygieia« (um 1800); in der Mythologie Tochter oder Frau des Aeskulap, gilt sie als Ahnfrau der Pharmazie, in den Händen hält sie Schlange und Schale.

Das Museum zeigt mehrere komplette Einrichtungen pharmazeutischer Ladengeschäfte, leider nicht mehr die der barocken der Cottbusser Löwenapotheke selbst, die hat man Mitte der sechziger Jahre zerhackt; es wäre, hört man, die prächtigste von allen gewesen. Im rückwärtigen Gebäudeteil ist immerhin noch die einstige Offizin (Werkstatt) zu sehen mit geheimnisvollen Geräten, Instrumenten und Öfen. Bis lange nach dem Krieg wurden noch Arzneien auf traditionelle Weise hergestellt, und auch heute kann man hier Naturheilmittel kaufen.

Ebenso sehenswert ist das 1994 eröffnete »Serbski muzej«, das **Sorbische Museum**, in der Mühlenstraße 12, in einem restaurierten mehrflügeligen Cottbusser Bürgerhaus. Die Wenden, slawische Minderheit in der Ober- und Niederlausitz, konnten ihre sprachlichen und kulturellen Besonderheiten bis in unser Jahrhundert hinein, zum Teil bis heute, behaupten. Sorben lebten meist mit wenig Kontakt zur Stadt in abgeschlossenen Dörfern. Sorbischsprachiges Gemeindeleben erhielt sich in der Kirche (evangelisch in der Nieder-, katholisch in der Oberlausitz) und vor allem in der Pflege sorbischer Musikkultur; gesungen wurde am längsten in der eigenen Sprache. Die deutschen Behörden, kirchliche wie weltliche, haben über Jahrhunderte hin versucht, der Sprache und dem Volksbewußtsein Steine in den Weg zu legen, bis hin zu Umsiedlungs- und Vernichtungsplänen der Nazis. Auch nach 1945 ließ sich ein Schulunterricht in der Muttersprache nicht durchsetzen. Trachten und Gegenstände der Alltagskultur werden gezeigt, aber auch die berühmten filigran bemalten Ostereier in großer Vielfalt.

Nur ein paar Schritte sind es bis zur **Ober- oder Nikolaikirche**, einer spätgotischen Backsteinkirche aus der zweiten Hälfte des 15. und dem Anfang des 16. Jahrhunderts. Wahrscheinlich machte man sich nach dem Stadtbrand von 1468 an den Bau. Nur der Turm ist älter (Ende 14., Anfang 15. Jahrhundert). Sein verputzter Aufsatz mit Haube und Laterne stammt von 1685. Empfehlung: auf den Turm steigen, man hat einen weiten Blick auf Stadt und Spreetal und sieht den Pücklerpark von oben.

In Chor und Langhaus finden sich Reste spätmittelalterlicher Wandmalereien, am südöstlichen Chorpfeiler ein Heiliger Antonius, Jacobus der Ältere und Paulus, am dritten Südpfeiler das Fragment einer Verspottung Christi, am nordöstlichen eine Kreuztragung und am ersten Nordpfeiler einen Bischof. Glanzstück der Kirche ist der frühbarocke Altar, den 1664 der Torgauer Andreas Schultze aus Sandstein geschaffen hat. Er zeigt Alabasterreliefs und einen hölzernen Abschluß.

Die hölzerne Kanzel (Anfang 18. Jahrhundert) stammt aus der Franziskaner-Kirche in Frankfurt/Oder, die Sandsteintaufe (Anfang 17. Jahr-

Spreewehrmühle in Cottbus

hundert) aus der Lichtenburg bei Prettin im Landkreis Jessen. Der Orgelprospekt ist von 1759, aber auch er wurde nicht für die Oberkirche in Cottbus geschaffen, sondern kommt aus der 1906 abgebrochenen Stadtkirche St. Nikolai in Hainichen (bei Chemnitz).

Daran, daß so vieles in der Kirche von weit her kommen mußte, ist der Krieg schuld. Der Wiederaufbau erfolgte quälend langsam. Eine kleine Ausstellung im Kircheninnern zeigt die Handwerksmeister der Stadt bei der Wiederherstellung. Erst 1960 wurden die Gewölbe geschlossen, und seit 1980 kann die Oberkirche in Cottbus wieder als Kirche genutzt werden.

Ein Stück nördlich des Marktplatzes steht die alte **Franziskanerkirche**, auch **Wendische Kirche** genannt, weil zum Klosterbesitz der

Franziskaner viele Dörfer des Umlandes gehörten, deren wendische Bewohner hierher zum Gottesdienst kamen. Das langgezogene, niedrige Schiff ruft einen eigentümlich gedrückten Raumeindruck hervor. Der Kern des Baues stammt vom Ende des 13. beziehungsweise Anfang des 14. Jahrhunderts. Gestiftet wurde er von Fredehelm von Cottbus († 1307), der zusammen mit seiner Gattin Adelheid († 1319) in der Kirche begraben wurde. Das Doppelgrabmahl (links, zwischen Kanzel und Altar) ist sehenswert, weil die Figuren, die im Hochrelief hervortreten und die Tracht der Zeit um 1330/40 tragen, sich berühren: Fredehelm legt den rechten Arm um die Schultern der Frau. Der Grund für diese ganz ungewöhnliche Intimität hochstehender Personen ist nicht bekannt. Bibelzitate an den Emporenbrüstungen sind sorbisch.

Zehn Fußminuten in nördlicher Richtung bringen einen zu einem Glanzstück aus Cottbus' jüngerer Zeit, dem **Theater** von 1908. Für den Bau holte sich die wohlhabende Textilstadt Anfang des Jahrhunderts den Architekten Bernhard Sehring, der auch die Pläne für das Berliner Theater des Westens geliefert hat. Oft wird das Cottbusser Haus als Jugendstiltheater bezeichnet. Für den plastischen Schmuck der Fassaden und des Innenraums stimmt das, für das Äußere jedoch amalgamierte Sehring heterogene Elemente – das Sockelgeschoß etwa ist neobarock gehalten. Das Theater ist Zentrum eines großzügigen Platzes mit Grünanlagen und Brunnen. Zwar ist die Portalseite nach Westen eindeutig als Hauptfassade ausgebildet, aber ihre Charakteristika und Elemente des plastischen Schmuckes treten auch an den übrigen Gebäudeseiten auf. **TIP 155**

BRANITZ. Die Hauptattraktionen von Cottbus aber sind der **Fürst Herrmann Pückler** (1785–1872) und sein Park in Branitz. Dem Fürsten begegnet man auf Schritt und Tritt, sogar ein Bier heißt nach ihm. Schon zu DDR-Zeiten stand sein Name in Ansehen, verwunderlich bei einem Herrn aus dem Hochadel. Vor allem verwundert, angesichts des exzentrischen Lebensstils, den der Fürst zeitlebens gepflegt hat, wo die DDR sonst doch mit Exzentrik eher wenig anfangen konnte. Außerhalb von Cottbus war Pückler lange vergessen. Eigentlich war von dem Fürsten nur eine Leckerei in Erinnerung geblieben, das »Pückler-Eis«, und in Büchern über Berlins berühmteste Straße »Unter den Linden« konnte man lesen, dieser wunderliche Kauz sei einst, von sechs zahmen Hirschen gezogen, den Korso hinauf- und hinunterkutschiert.

Pückler als Gartenkünstler ist erst in den letzten 20 Jahren wiederentdeckt worden, und ganz nebenbei fanden seine Biographen heraus, daß er seinerzeit ein überaus erfolgreicher Reiseschriftsteller gewesen war, dessen Einkünfte denen des Zeitgenossen Goethe nicht nachstanden. Die Kosten seiner Expeditionen in damals exotische Gegenden des Vorderen Orients und seines exzentrischen Lebensstils bestritt er aus den Honoraren der in sehr hohen Auflagen gedruckten Reiseschilderungen.

TIP 154 156

Der **Park von Schloß Branitz** gilt als einer der am gründlichsten geplanten und besterhaltenen englischen Landschaftsgärten auf dem Kontinent, und unter den großen Parks von europäischer Bedeutung ist er der jüngste. Sein Schöpfer habe mit ihm, so ein Biograph, »den sparsamen Preußen auf sehr unpreußische Weise bewiesen, daß das Gegenteil aller ihrer Tugenden auch wieder eine Tugend sein kann. Denn das viele Geld, das er im Laufe seines Lebens verschwendete, erwies sich am Ende als gut angelegt. Für Freunde von Kunst, Natur, Bäumen, Büschen, Pleasure-grounds, Wiesen und versteckten Tempeln an künstlichen Seen trägt es noch heute Zins und Zinseszinsen« – ein Satz, den jeder Cottbusser Bürgermeister bedingungslos unterschreiben würde.

1785 wurde dem Grafen Erdmann Pückler und seiner Frau Clementine, geborene von Kallenberg, ihr erster Sohn geboren, Hermann Ludwig Heinrich, der bis weit in die zweite Hälfte des 19. Jahrhunderts als Exzentriker, Dandy, ernsthafter Gartenarchitekt, überaus erfolgreicher Schriftsteller und skandalumwitterter Liebhaber schöner Frauen bekannt, populär, berüchtigt, zuweilen aber auch bloß verspottet werden sollte.

Als Pückler Anfang 1811 mit 25 Jahren die beiden Herrschaften Branitz und Muskau (50 Kilometer weg an der Neiße gelegen und heute zum Teil polnisch) erbte, gehörten ihm allein um Branitz 45 Dörfer. Über seine Kindheit in Muskau hat er sich immer nur mit den bittersten Worten geäußert. Er trat nach kurzem Jurastudium in das vornehmste sächsische Regiment »Gardes du Corps« ein, brach jedoch eines Tages aus dieser standesgemäßen Existenz aus und begab sich auf eine lange Fußreise durch die Schweiz, Italien und Frankreich.

Als die Lausitz 1815 an Preußen fiel, hielt sich der Herr von Muskau und Branitz gerade in England auf und fand dort endlich den Gegenstand seines Interesses, dem er für den Rest seines Lebens ein gut Teil seiner Zeit und fast sein ganzes Vermögen opfern wird: den englischen Landschaftspark. Vom gestutzten, die Natur in ein Regelwerk pressenden Barockgarten hatte man in England bereits rund 100 Jahre vorher, um 1720, genug gehabt. Jetzt standen die Landschaftsgärten von Stouerhead, Longleat und Blenheim in voller Blüte. Pückler war fasziniert. So etwas wollte er zu Hause auch haben. In der Lausitz. Er scheute keine Kosten, sprach mit allen bedeutenden Gartenarchitekten und zahlte den Gärtnern hohe Bestechungssummen für Tips und Kniffe. Es sollte

Fürst Pücklers »Tumulus«

sich auszahlen. Vor allem das Verpflanzen großer, hochgewachsener Bäume, ein schwieriges gärtnerisches Unterfangen, erforderte ein Fachwissen, das nur die englischen Gärtner besaßen. Als Pückler nach Deutschland zurückkehrte, hatte er das meiste davon in Erfahrung gebracht und begann, aus Muskau einen Landschaftsgarten im englischen Stil zu machen.

Seine Mittel waren begrenzt, das Geld war knapp. 1817 heiratete er Lucy Reichsgräfin von Papenheim, die Tochter des Preußischen Staatskanzlers Fürst Hardenberg, der später dafür sorgte, daß aus dem Grafen ein Fürst Pückler wurde.

Gleichzeitig wuchs der Park in Muskau, und seine Schulden wuchsen auch. 1845 mußte er sein Werk verkaufen. Ein Desaster. Sein Leben, so schien es, mußte von nun an in bescheideneren Bahnen verlaufen. Er zog sich auf den Pücklerschen Stammsitz Branitz zurück und ging sofort daran, auch hier einen Park nach seinem Geschmack zu schaffen; er konnte es einfach nicht lassen. Die Aufgabe war jedoch viel schwerer als im hügeligen Muskau, denn Branitz lag auf einer kahlen Ebene, fast ohne Bäume und natürliche Erhebungen. 70 Zentimeter unter der Oberfläche stieß man bereits auf Grundwasser, zum Trost erwies sich der Boden wenigstens als fruchtbar. Die heutigen Branitzer Hügelchen verraten noch immer die Mühe, die das alles gemacht haben muß.

Pückler arbeitete nicht nach Skizzen, sondern legte draußen im Gelände mit dem Stock, später mit Leinen zunächst die Wege fest. Bis zu

70 Tagelöhner waren für ihn beschäftigt, dazu Gärtner und 130 Gefangene aus dem Cottbusser Stadtgefängnis, das nach der niedergeschlagenen Revolution von 1848 gut belegt war.

Branitzer Bäume hatte er einst herausnehmen und nach Muskau bringen lassen, das tat ihm jetzt bitter leid. Aus weit entfernten Dörfern holte er Eichen, Rotbuchen, Ulmen, Platanen, Hainbuchen und Linden; auf großen Wagen wurden die Kronen durch schmale Gassen geschleift, Dächer und Fensterscheiben gingen kaputt, Pückler zahlte.

Nachdem die Wege festgelegt waren, ausgehend vom Pleasureground, dem großen Rasenplatz nahe dem Schloß, wurden Seen ausgehoben samt Inseln; der Aushub diente anschließend dazu, die Hügel zu modellieren. Als 1854 seine Frau starb, verwand er den Verlust nur schwer. Für sich selbst hatte er eine Erdpyramide – Tumulus genannt – im sogenannten Fahnensee als zukünftiges Grab vorgesehen. Für die Gemahlin wurde ein Platz auf einer baumbewachsenen kleinen Insel davor gewählt.

Insgesamt ließ Pückler in Branitz etwa 100 000 Kubikmeter Sand und Erde bewegen für Seen und Hügel, elf Kilometer Wege und einen vier Kilometer langen Grenzwall. Die Wege verlaufen so – in seinen gartentheoretischen Schriften hat er das ausgeführt –, daß Anfang und Ende auf den ersten Blick nicht zu erkennen sind. Teiche werden stets so angelegt, daß sie dem Auge immer von neuem entrückt werden. Nie darf die gesamte Wasserfläche zu übersehen sein, der Phantasie muß Spielraum bleiben; für Pückler das Geheimnis eines Landschaftsgartens.

Ihm war klar, daß er wie jeder Gartenkünstler den Park nie so erleben würde, wie er ihn vor seinem inneren Auge sah. Heute, nach 130 oder 150 Jahren, sind die Bäume ausgewachsen, und der Wechsel von Licht und Schatten, von hohen Baumpartien mit Wiesen und Wasser ist schön anzusehen. Besucher von heute profitieren von den Ideen und den Talersummen des Fürsten. Branitz ist ein idealer Ort für Picknicks. Wer vielleicht zuvor in Wörlitz war, kann dann den Pückler-Park mit der Anlage an der Elbe vergleichen, den ganz späten mit dem ganz frühen deutschen Landschaftspark. Branitz wirkt ruhiger als die weitläufige Anlage an der Elbe. Man hat auch den Bewuchs weniger stark beschnitten als dort. Alles ist intimer, unaufwendiger als in Wörlitz. Auch Branitz lebt von den Sichtbeziehungen der Gebäude und Gartenteile. So ist etwa die Schmiede am östlichen Parkeingang vom Schloß aus zu sehen und bildet einen »point de vue«. Vor dem Schloß, auf der Parkseite, erstreckt sich der »pleasure-ground«, ein Gartenparterre mit Statuen und Architekturen im Wechselspiel von Wasser, Rasen und Baumgruppen.

Schloß Branitz

Mitten im Park liegt das **Schloß**. Es stammt aus dem 18. Jahrhundert. Der Fürst ließ es, als er von Muskau hierher zog, umbauen und beauftragte **Gottfried Semper**, Erbauer der Dresdner Oper.

Semper gab dem einfachen, spätbarocken Schloßbau durch Freitreppe und Terrasse einen Rahmen, der den Sockel hervorhebt und das Gebäude größer erscheinen läßt.

Die Innenräume sind nach aufwendigen Restaurierungsarbeiten erst zum Teil wieder zugänglich. Eine Besichtigung ist jedoch sehr zu empfehlen, da die Interieurs einen intensiven Eindruck davon geben, wie Pückler in seinen letzten Jahren gewohnt hat.

Im Vestibül hängen die Ahnen der Familie, darunter qualitätvolle Bilder vom preußischen Hofmaler Antoine Pèsne und seinem sächsischen Kollegen Louis de Silvestre. Die ältesten Tafeln zeigen Vorfahren der schlesischen Linie aus dem 16. Jahrhundert. Dicht hängt Bild an Bild, Branitz bot längst nicht so viel Platz wie das verlorene Muskau.

Vom Vestibül aus gelangt man, dem Eingang gegenüber, in das **Musikzimmer**, den einzigen Raum, der noch Stil und Ausstattung der Erbauungszeit des Schlosses zeigt, also etwa aus den achtziger Jahren des 18. Jahrhunderts stammt; grün und gold leuchten Wände; hier finden in guter Akustik immer noch Konzerte statt. Es folgt das nicht sehr große **Speisezimmer**. Mindestens drei, höchstens neun Gäste wollte der Fürst bei Tisch sehen; die gemeinsame Mahlzeit am Abend war der einzige Zwang, dem sich Logierbesuch in Branitz zu unterwerfen hatte.

Eine Renaissance-Anrichte aus dem Salzburger Land bildete den Grundstock für die Möblierung, alles übrige wurde im Stil der Neo-Renaissance angefertigt. Dazu wählte Pückler japanische Vasen, französische Öfen (um 1800), eine flämische Krone und Seidentapeten. Interessant: Um teuren Stuck zu sparen, wurde in einigen Räumen des Erdgeschosses der Deckenschmuck täuschend echt aus Pappmaché nachgeahmt.

In der **Bibliothek**, die 1945 geplündert wurde, stehen heute wieder 2000 Bände des alten Bestandes, und wenn auch die Regale und die meisten Möbel nicht mehr original sind, haben die Restauratoren doch, wie der Vergleich mit einem alten Foto zeigt, den Raumcharakter gut getroffen; viel trägt dazu der originale, sieben Zentner schwere Leuchter bei. Im Obergeschoß das Schlafzimmer des Fürsten und ein Kabinett, in dem Stücke der Erinnerung an eine besonders delikate Episode seines an außergewöhnlichen Abenteuern nicht armen Lebens ausgestellt sind: Totenmaske sowie Hand- und Fußabguß einer jungen afrikanischen Frau, die der Fürst zum Entsetzen nicht nur der adligen Gesellschaft (deren Urteil war Pückler für gewöhnlich gleichgültig), sondern vor allem auch seiner durchaus geliebten Gattin von einer Reise in den Vorderen Orient mitgebracht hatte. Er hatte Machbuba, so der Name der noch nicht Zwanzigjährigen, auf dem Sklavenmarkt von Alexandrien gesehen und gekauft. Die Äthiopierin war jedoch der langen Reise und dem rauhen Klima nicht gewachsen und starb bald nach der Ankunft, vermutlich an Schwindsucht.

In den übrigen Räumen des Stockwerks wird demnächst eine Dauerausstellung mit Werken des zweiten großen Sohnes der Stadt Cottbus zu sehen sein, des Malers **Carl Blechen** (1798–1840).

Gegenüber vom Portal des Schlosses lädt der wiederhergestellte **Pergolahof** zum Sitzen ein; die Terrakottareliefs mit Szenen aus der Mythologie gehen auf den berühmten dänisch-römischen Bildhauer Bertel Thorvaldsen (1770–1844) zurück. Links und rechts die einstigen Gutsgebäude; diese hat Pückler zu **Marstall** (rechts) und **Kavaliershaus** (links) umbauen lassen, Schinkel hatte dafür Vorschläge geliefert. Heute bietet der ehemalige Marstall Platz für Wechselausstellungen, während im Kavaliershaus die vielen Parkbesucher verköstigt werden.

Alles Wichtige auf einen Blick

Praktische Tips von A–Z
Auskunft · Freizeit · Museen · Restaurants · Unterkünfte

Kurz angemerkt

Die Tips folgen in großer Linie den Orten der einzelnen Reiserouten. Detaillierte Informationen sind über die örtlichen Tourismusbüros zu erhalten, in denen man meist sehr engagiert agiert. Lobenswert ist der *Gastgeberkatalog des Fremdenverkehsverbandes Spreewald e.V. (✆ 03 54 33/7 74 33)*. Zentraler Ansprechpartner für Brandenburg ist der *Landesfremdenverkehrsverband, Schlaatzweg 1, 14473 Potsdam, ✆ 03 31/2 75 28 28,* der alljährlich ein Gastgeberverzeichnis für das gesamte Land und Publikationen wie »Rund um das Wasser im Land Brandenburg« herausgibt. Etwas Besonderes ist die *Landpartie,* zu der jedes Jahr Mitte Juni über einhundert Bauernhöfe ihre Tore öffnen und in einer Mischung von Dorffest und Leistungsschau Teltower Rübchen, schlachtwarme Leberwurst und ein Bett im Heu bieten. *Info ✆ 03 31/8 66 40 17 (MELW).*

GROSSBEEREN – SAARMUND – BLANKENSEE

◆ AUSKUNFT

Fremdenverkehrsverband Teltow-Fläming
Seebadeallee 63
15834 Rangsdorf
✆ 03 37 08/1 94 33

Fremdenverkehrsverein Nuthe-Nieplitz e.V.
Dorfstraße 31, 14974 Gröben
✆ 0 33 78/80 01 18

◆ FREIZEIT

Fahrradverleih
Blankensee, Dorfstraße 2
✆ 03 37 31/8 00 26
täglich ab 8 Uhr
Großbeeren, Zweiradshop Rudas, Berliner Straße 92
✆ 03 37 01/5 54 49

◆ MUSEEN

Bauernmuseum Blankensee
14959 Blankensee, Dorfstraße 4
✆ 03 37 31/8 00 11
Mi–Fr 10–12 und 13–17 Uhr, Sa/So 14–17 Uhr

Museumsstube im Gedenkturm
Dorfaue 4
14979 Großbeeren
✆ 03 37 01/3 05
Sa 10–12 und 13–18 Uhr
So 10–12 und 13–16.30 Uhr
Die Schlachtenszenendarstellungen zeigen, wie 1813 die Bülowschen Truppen das 7. französische Armeekorps an einer zweiten Einnahme Berlins hinderten.

◆ RESTAURANTS

Schloß Diedersdorf
Kirchplatz 5–6
15831 Diedersdorf
✆ 0 33 79/3 53 50
Ein geradezu bayrisches Spektakel auf märkischer Bierwiese

Zum Mühlengrund
Mühlenstraße 6
145529 Saarmund
✆ 03 32 00/8 54 69, 12–23 Uhr
Di geschlossen

Knappenschänke
Dorfstraße 35
14532 Philippsthal
✆ 03 32 00/2 01 13
Mo–Fr 17–24 Uhr, Sa 12–24 Uhr, So 10–24 Uhr
Mittelalterliches Spektakel bis hin zur Tafel. Jeden Sonntag von 10–13 Uhr mittelalterliche

Frühstückstafel für 14,50 DM pro Person

Gasthof Zur Truhe
Straße des Friedens 73
Langerwisch
✆ 03 32 05/6 31 55
Bringt zu gegebener Zeit 10 Spargelgerichte gleichzeitig auf die Karte

Zur Linde
Kunersdorfer Straße 1
14552 Wildenbruch
✆ 03 32 05/6 23 79
Mo–So 12–23 Uhr, November bis März Mi/Do Ruhetag

Weinschmiede
Luckenwalder Straße 4a
14552 Freesdorf
✆ 03 32 05/4 67 95
Fr 16–22 Uhr, Sa/So/Feiertag 12–23 Uhr, ein Dorfgasthof wie im Komödienstadl. Darinnen gibt es vom Eintopf bis zum feinen Filet der Gallowayrinder von märkischer Weide ordentliche Küche und passable Weine.

Hans-Claudert-Stube
Parkhotel
Parkstraße 5, Trebbin
✆ 03 37 31/7 10
Man schmeckt's, der Koch machte schon Erfahrungen in der Spitzengastronomie.

Gasthof zur Fischerhütte
Ruhemannweg 59
Blankensee
✆ 03 37 31/8 00 89
Mo, Do, Fr, ab 12 Uhr, Sa/So ab 11 Uhr

Museumsschänke
Blankensee
✆ 03 37 31/1 24 96
Mi–Fr 10–12 und 13–17 Uhr, Sa/So ab 14 Uhr

◆ UNTERKUNFT

Süd-Hotel
Berliner Straße 121
Großbeeren
✆ 0 33 37 01/7 00
Drei-Sterne-Hotel am Ortsrand, DZ ab 115 DM

Hotel Garni Saarmund
Alleestraße 14, 14552 Saarmund
✆ 03 32 00/81 80
DZ ab 170 DM

Knappenschänke
Dorfstraße 35, Philippsthal
✆ 03 32 00/2 01 13
pro Person 65 DM

Parkhotel
Parkstraße 5, Trebbin
✆ 03 37 31/7 10
Kleines Hotel mit Restaurant, in dem man sich auf feine Art den Angeboten der Region und der Jahreszeit bedient.
DZ ab 130 DM

BEELITZ – LEHNIN – TREUENBRIETZEN

◆ AUSKUNFT

Beelitz
Stadtverwaltung
Berliner Straße 202
✆ 03 32 04/39 12 40

Lehnin
Friedensstraße 3,
✆ 0 33 82/7 30 70

Treuenbrietzen
Großstraße 21
✆ 03 37 48/1 21 02

◆ MUSEEN

Kloster Lehnin
✆ 0 33 82/76 88 41
10–18 Uhr geöffnet

Heimatmuseum Treuenbrietzen
Großstraße 1a
✆ 03 37 48/7 05 06
Mi–Fr 13–17 Uhr,
Sa/So 10–12 und 13–17 Uhr
In der Heilig-Geist-Kapelle, einem spätgotischen Rundbau, der vermutlich von den Zinnaer Mönchen stammt

◆ RESTAURANTS

Zum Stern
Berliner Straße 189
14547 Beelitz
✆ 03 32 04/22 22
Do–Di 9–23 Uhr

Hotel-Restaurant Markgraf
Friedensstraße 13
14797 Lehnin
✆ 0 33 82/70 06 06
Passable deutsch-lehniner Küche

◆ UNTERKÜNFTE

Hotel Markgraf
Friedensstraße 13
14797 Lehnin
✆ 0 33 82/70 06 04
DZ ab 120 DM

Seehof
Am See, 14797 Netzen
✆ 0 33 82/8 07
An Wasser und Wald ruhig gelegen, hat hauseigenen Dampfer, Ruder- und Motorboote
DZ ab 170 DM

DER FLÄMING – BELZIG – WIESENBURG – RABENSTEIN

◆ AUSKUNFT

Kur- und Freizeit GmbH
Wiesenburger Straße 4
14806 Belzig
✆ 03 38 41/3 48 15

Kultur- und Informationszentrum
Wittenberger Straße 14
14806 Belzig
✆ 03 38 41/4 24 61

Fremdenverkehrsverband Hoher Fläming e.V.
Görzker Straße 38, Wiesenburg
✆ 03 38 49/5 04 45

◆ FREIZEIT

Baden
Großes Freibad mit einer 55 Meter langen Rutsche in Belzig

◆ MUSEEN

Museum Burg Eisenhardt
Wittenberger Straße 14
14806 Belzig, ✆ 03 38 41/24 61
November bis März Mo, Mi, Do und Fr 10–12 und 12.30–16 Uhr; Di, Sa/So bis 17 Uhr
April bis Oktober Mo, Mi, Do, Fr 10–12 und 12.30–16 Uhr; Di, Sa/So 10–12 und 12.30–18 Uhr
Im spätgotischen Torhaus der Burg Eisenhardt wird über die Burggeschichte und anhand eines großen Zinnfigurendioramas über die Landwehrschlacht bei Hagelberg 1813 informiert. Außerdem werden in dieser Gegend beheimatete Handwerkszweige wie Brauerei,

Blaudruck-, Leinenweber- und Töpferhandwerk vorgestellt.

Wiesenburg
Schloßturm mit Heimatstube
Di–Fr 11–17.30 Uhr
Sa/So 10–18 Uhr
Im Winter bis 16 Uhr
Führungen über
✆ 03 38 49/5 03 27

Burg Rabenstein
täglich von 8–17 Uhr geöffnet
✆ 03 38 48/6 02 21

◆ RESTAURANTS

Belzig

Burghotel
auf der Burg Eisenhardt
Wittenberger Straße 14
✆ 03 38 41/3 12 96
ab 10 Uhr, gute Wildküche

Zur Grünen Tanne
Bahnhofstraße 5
✆ 03 38 41/4 21 59
Di–So ab 11.30 Uhr

Alter Brauhof
Straße der Einheit 16
✆ 03 38 41/3 22 30
Mo–Fr 8–23 Uhr, Sa 10–16 Uhr
Große Portionen und preiswert. Ein Gasthaus alter Familientradition

Ristorante Valentino
Straße der Einheit 30
✆ 03 38 41/3 02 37

Raben

Zum Hemmerling
Dorfstraße 27, ✆ 03 38 48/2 18
Di–So ab 11 Uhr

Wiesenburg

Pension Brandtsheide
Bahnhofstraße 8c, Jeserig
(6 Kilometer von Wiesenburg entfernt)
✆ 03 38 49/5 10 16

◆ UNTERKÜNFTE

Belzig und Umgebung

Burghotel
Wittenberger Straße 14
✆ 03 38 41/3 12 96
Rustikale Gemütlichkeit in der Burg Eisenhardt, Sauna
DZ ab 130 DM

Alter Brauhof
Straße der Einheit 16
✆ 03 38 41/3 22 30
DZ ab 80 DM

Jagdhaus Weitzgrund
14806 Weitzgrund, 6 Kilometer nördlich von Belzig, liegt ruhig am Walde, Fahrradverleih
DZ 90 DM

Pension zur Mühle
Baitzer Straße 22
14806 Fredersdorf
7 Kilometer nördlich von Belzig
DZ ab 70 DM

Fläminghof Wernicke
14806 Lütte/Wenddoche
6 Kilometer nördlich von Belzig
✆ 03 38 46/4 00 40
Mit großer Reitanlage
DZ ab 120 DM

Alte Hölle
Waldstraße 1
14827 Reetzerhütten
Etwa ein Kilometer von Wiesenburg entfernt
✆ 03 38 49/79 79
In einer ehemaligen Försterei und mit einem Freibad. Das Restaurant mit Bierscheune und Terrasse hat ab 8 Uhr geöffnet.
DZ 110 DM

Juliushof
14806 Klein Briesen
Ortsteil von Groß Briesen
✆ 03 38 46/4 02 45
Im Walde, DZ ab 130 DM

Jugendherberge, Raben
14823 Burg Rabenstein
✆ 03 38 48/2 21

WÖRLITZ – ORANIENBAUM – DESSAU – WITTENBERG

◆ AUSKUNFT

Wörlitz-Information
Neuer Wall 103
06786 Wörlitz
✆ 03 49 05/2 17 04

Dessau-Information
Friedrich-Naumann-Straße 12
06844 Dessau
✆ 03 40/21 46 61

Wittenberg-Information
Collegienstraße 29
06886 Lutherstadt Wittenberg
✆ 0 34 91/40 22 39

◆ FREIZEIT

Theater
06844 Dessau
Friedensplatz 1a
✆ 03 40/2 51 10,
Kasse 2 51 13 33

Puppentheater
06844 Dessau
Ferdinand-Schill-Straße
✆ 21 24 01

Mitteldeutsches Landestheater Lutherstadt Wittenberg
Thomas-Müntzer-Straße 14/15
Kasse Markt 10
✆ 0 34 91/40 20 85

Fahrradverleih
Wörlitz, Grabengasse 49 a
✆ 03 49 05/20 56
Dessau, Am Hauptbahnhof
✆ 03 40/7 90 03 48
Kleinkühnkau
Der Fahrradladen
Hauptstraße 186
✆ 03 40/61 71 29
Dessau-Waldersee
Coswiger Straße 47
✆ 03 40/21 61 29

Fliegen
Dessau
✆ 03 40/82 42 33
06785 Horstdorf
Dorfstraße 69
✆ 01 72/3 70 21 81
35 DM für 15 Minuten Dessau von oben, Ballonfahrten

Reiten
Dessau-Mosigkau
Kutsch- und Kremserfahrten
Justus-von-Liebig-Straße 8
✆ 03 40/82 61 67
Schloßgut Mosigkau
Am Reitplatz 8
✆ 01 61/3 30 51 48
Mit Pferdepension
Mo–Sa 7–19 Uhr, So 7–12 Uhr

Schiffsfahrten
Dessau
Akener Fahrgastschiffahrt
MS »Klabautermann«
06385 Aken
Straße des Friedens 11b
✆ 03 49 09/27 80

Schwimmen
Dessau, Waldbad Am Schenkenbusch
✆ 03 40/8 58 10 74, auch FKK
Strandbad Adria
Dessau-Mildensee
✆ 03 40/2 20 43 72
Freibad Großkühnkau
Seeweg 2
✆ 03 40/61 62 71
Freibad Mosigkau
Prödelweg 1
Freibad Stillinge,
Walderseestraße
✆ 03 40/2 20 46 50

◆ MUSEEN

Wörlitz

Schloßmuseum Wörlitz
✆ 03 49 05/2 03 91
Nur mit Führungen zu besichtigen
Mai bis September
Mo 13–18 Uhr, Di–So 10–18 Uhr
April und Oktober
Mo 13–16.30 Uhr
Di–So 10–16.30 Uhr
außerhalb der Saison 9–15 Uhr
Nur nach Voranmeldung

Museum im Gotischen Haus
(nur mit Führung) Öffnungszeiten wie beim Schloßmuseum, Führungen durch den *Park*: Mai bis September täglich 13.30 Uhr, Treffpunkt Hinweistafel in der Nähe des Schlosses
Dauer ca. 2 Stunden

Fahrzeiten der Gondeln
Mai bis September 10–18 Uhr; April bis Oktober 10.30–17 Uhr
Dauer ca. 45 Minuten

Fahrzeiten der Fähren
Mai bis September 10–18 Uhr; Roseninselfähre und Amtsfähre fahren auch im April und Oktober.

Oranienbaum

Museum Schloß Oranienbaum
Di–So 10–17 Uhr
Ausstellung zur Geschichte von Stadt, Schloß und Park Oranienbaum sowie zu den Beziehungen zwischen dem Fürstentum Anhalt-Dessau und den Niederlanden

Pagode im Chinesischen Garten
Sa/So 10–17 Uhr

Dessau

Bauhaus
Gropiusallee 38, ✆ 03 40/6 50 80
Di–So 10–17 Uhr

Schloß Georgium, Anhaltinische Gemäldegalerie
Puschkinallee 100
✆ 03 40/61 38 74
Täglich 10–18 Uhr

Schloß Mosigkau
Knobelsdorffallee
✆ 03 40/83 11 81
November bis März
Di–Fr 10–16 Uhr
Sa/So 11–16 Uhr
April und Oktober
Di–So 10–17 Uhr
Mai bis September
Di–So 10–18 Uhr

Buchmuseum der Anhaltinischen Landesbücherei im Palais Dietrich
Zerbster Straße 35
✆ 03 40/21 47 34

Museum für Stadtgeschichte
Kavallierstraße 43
✆ 03 40/21 23 60
Di–Do 13–16 Uhr

Museum für Naturkunde und Vorgeschichte
Askanische Straße 32
✆ 03 40/21 48 24
Di–Fr 9–18 Uhr,
Sa/So 13–18 Uhr

Johanniskirche
✆ 03 40/21 49 75
Vom 17. Mai bis 30. November täglich von 11–12 und 15–16 Uhr zu besichtigen.
Nach Voranmeldung wird auch zu allgemeinen und speziellen Themen, wie zu den Cranach-Gemälden oder der Eule-Orgel in der Kirche, geführt.

Wittenberg

Lutherhaus
Collegienstraße 54
✆ 0 34 91/26 71
April bis September
Di–So 9–18 Uhr,
Oktober bis März 10–17 Uhr

Natur- und Völkermuseum »Julius Riemer«
Schloß, ✆ 0 34 91/26 96
Di–Fr 9–17 Uhr,
Sa/So 10–12.30 und 14–17 Uhr

Melanchthonhaus
Collegienstraße 60
✆ 0 34 91/32 79
April bis Oktober
Sa–Do 10–18 Uhr, November bis März Sa–Do 9–17 Uhr

Stadtkirche St. Marien
Mai bis Oktober
Mo–Sa 9–12 und 14–17 Uhr
So 11–12 und 14–17 Uhr
November bis April
Mo–Sa 10–12 und 14–16 Uhr,
So 11–12 und 14–16 Uhr

Schloßkirche Allerheiligen
Mai bis Oktober Mo 14–17 Uhr, Di–Fr 9–17 Uhr, Sa 10–17 Uhr, So 10.30–17 Uhr
November bis April Mo 14–16 Uhr, Di–Fr 10–16 Uhr, Sa/So 10.30–16 Uhr

◆ RESTAURANTS

Wörlitz

Gasthof Drei Linden
Neue Reihe 149
✆ 03 49 05/2 05 09
Ab 11 Uhr, in der Kneipe »Kartoffelkäfer« gibt es entsprechende Spezialitäten.

Goldene Weintraube
Erdmannsdorfstraße 15
✆ 03 49 05/2 03 71
Mo 10–15 Uhr,
Di–So 10–18 Uhr

Dessau

Der Club
im Bauhaus, Gropiusallee 38
✆ 03 40/6 50 84 44
Mo–Fr 8–24 Uhr, Sa 10–01 Uhr, So 10–17 Uhr, Frühstück, Salate und kleine Speisen

Restaurant am Museum
Franzstraße 90
✆ 03 40/21 53 83
Ab 11.30 Uhr, Spezialität des Hauses: selbstgebackener Dessauer Speckkuchen und Hacksteack als »Alter Dessauer«

Merci
Am Lustgarten 6–8
✆ 03 40/82 70 77
Mo–Sa 11–24 Uhr
Szenetreff

Irish Pub
Friedrichstraße 16
✆ 03 40/21 41 63
Mo–Fr ab 11 Uhr,
Sa/So ab 17 Uhr,
Sa Live-Musik

Fürst Leopold
im Steigenberger AVANCE Hotel, Friedensplatz
✆ 03 40/2 51 50
6.30–10 Ur, 12–15 Uhr
18–24 Uhr

Zungenkuß
Heidestraße 8
✆ 03 40/8 50 14 00
Zwischen 20 und 21.30 Uhr Happy-Hour

Wittenberg

Marktschlößchen
Markt 1, ✆ 0 34 91/41 05 70
Ab 11 Uhr, gut besuchtes Restaurant. Gäste und Preise sind in der Regel etwas höher angesiedelt.

Irish Harp Pub
Collegienstraße 71
✆ 0 34 91/41 01 50
Auch hier trifft man immer auf Leute. Bis drei Uhr in der Nacht strömen die 23 Biersorten.

Klapsmühle
Fleischerstraße 6
✆ 0 34 91/66 20 36

Ab 18 Uhr, schräge Kneipe, deren skurril geformte Theke und das enorme Getränkeangebot gegen nüchternes Gleichgewicht stehen.

Quatro
Fritz-Heckert-Straße 2
✆ 0 34 91/66 20 36
Mo–Fr 21–02 Uhr,
Sa/So bis 4 Uhr
Großer Amüsierbetrieb im ehemaligen Kulturhaus

Döbelt's Weinausschank
06917 Jessen
Oberberge 42
✆ 0 35 37/21 44 59
In der Saison Fr/Sa ab 19 Uhr, ansonsten auf Voranmeldung

◆ UNTERKÜNFTE

Wörlitz

Wörlitzer Hof
Markt 96, ✆ 03 49 05/2 02 42
Direkt am Schloßpark
DZ 148 DM

Hotel Zum Stein
Erdmannsdorfstraße 228
✆ 03 49 05/5 00, mit Sauna und Swimmingpool, DZ ab 166 DM

Parkhotel
Erdmannsdorffstraße 62
✆ 03 49 05/2 03 22
Hotelneubau, DZ ab 198 DM

Zum Gondoliere
Angergasse 131
✆ 03 49 05/2 03 29
DZ ab 120 DM

Pension am Park
Markt 12, ✆ 03 49 05/2 02 82
Historisches Fachwerkhaus
DZ 90 DM

Oranienbaum

Am Waldhaus
Am Waldhaus 14a
06785 Oranienbaum
✆ 03 49 04/40 00
Am Schloßpark gelegen, mit Swimmingpool und Fahrradverleih, DZ ab 125 DM

Dessau

ADRIA-Hotel
Sonnenallee 4, Dessau-Mildensee, ✆ 03 40/2 10 00
Neubau, Strandbad nebenan
DZ ab 125 DM

ASTRON
Zerbster Straße 29
✆ 03 40/2 51 40
Mit Bistro, Bar und Sauna
DZ ab 150 DM

Steigenberger AVANCE
Friedensplatz, ✆ 03 40/2 51 50,
Mit vier Sternen das erste Haus am Ort, DZ ab 255 DM

ETAP Hotel
Sollnitzer Allee
✆ 03 40/2 16 08 29
5 km vom Stadtzentrum entfernt, Neueröffnung, DZ 65 DM plus Frühstück

Hotel Zum Kleinen Prinzen
Erich-Weinert-Straße 16
Mosigkau, ✆ 03 40/51 70 71
DZ ab 140 DM

Campingplatz
Adria, Dessau-Mildensee
✆ 03 40/2 16 09 45

Wittenberg

Hotel Klabautermann
Dessauer Straße 93
✆ 0 34 91/66 21 49, ein kleines Hotel, wenige Autominuten vom Stadtzentrum entfernt, mit Fischrestaurant, DZ 129 DM

Alba-Hotel
Neustraße 7, ✆ 0 34 91/46 10
Neuerbautes Hotel im historischen Zentrum
DZ ab 165 DM inklusive Tiefgarage

Sorat Hotel
Braunsdorfer Straße 19
✆ 0 34 91/66 31 90
Sauna und Fahrradverleih
DZ ab 160 DM

Goldener Adler
Markt 7, ✆ 0 34 91/41 01 47
Das älteste Hotel der Stadt
DZ 140 DM

Waldhotel Vogel
Tonmarkt 10
✆ 0 34 91/61 03 89
Mit Swimmingpool und Sauna
DZ ab 90 DM

Hotel Tannenspitze
Mochauer Weg 41
06896 Reinsdorf
✆ 0 34 91/6 13 31 40
Für diejenigen, die es etwas ländlicher mögen und ihr Pferd mit auf die Reise nehmen wollen. DZ 140 DM

Jugendherberge
Schloß, ✆ 0 34 91/40 32 55

LUCKENWALDE – KLOSTER ZINNA – JÜTERBOG – WIEPERSDORF – DAHME – LUCKAU – BARUTH

◆ AUSKUNFT

Stadtinformation Luckenwalde
Rudolf-Breitscheid-Straße 6
14943 Luckenwalde
✆ 0 33 71/63 21 12

Kloster Zinna
Am Kloster 6, 14913 Zinna
✆ 0 33 72/40 46 18

Tourist-Information Dahme
Töpferstraße, 15936 Dahme
✆ 03 54 51/9 15 55

Stadtinformation Jüterbog
Am Markt 21, 14913 Jüterbog
✆ 0 33 72/46 31 13

Tourist-Information Glashütte
Hüttenweg 4, 15837 Glashütte
✆ 03 37 04/2 39

Luckau
Fremdenverkehrsbüro,
Lindenstraße 5, 15926 Luckau
✆ 0 35 44/30 50

◆ FREIZEIT

Fahrradverleih
Luckenwalde, Holzstraße 7
✆ 0 33 71/61 13 10
Jüterbog, Weinberge 150
✆ 0 33 72/3 15 24
Dahme, Kreißler-Technikhandel, Bahnhofstraße ✆ 03 54 51/2 10
Baruth, Rudolf-Breitscheid-Straße 69, ✆ 03 37 04/2 18

Bootsverleih
Dahme, Naherholungsgebiet Körbaer Teich
✆ 03 54 51/5 75

Reiten
Luckenwalde
Jänickendorfer Straße
✆ 0 33 71/30 01
Jüterbog
Dennewitzer Straße 15
✆ 0 33 72/95 35 und
Hauptstraße 10
✆ 0 33 72/40 12 18
Riesdorf, Nähe Jüterbog
Reiterhof Hecken
✆ 03 37 46/7 29 11
Dahme
Thomas-Müntzer-Weg 4
✆ 03 54 51
Baruth, Am Bahnhof
✆ 03 37 04/2 73

◆ MUSEEN

Kreisheimatmuseum Luckenwalde
Markt 11, ✆ 0 33 71/61 13 59
Di–Do 10–12 und 13–17 Uhr
Sa 13–17 Uhr, So 10–12 und 14–17 Uhr
Das Museum nahe der Stadtkirche im denkmalgeschützten Haus aus dem Jahre 1829 wurde 1906 als städtische Sammlung gegründet. Die ständige Ausstellung zum Thema »Luckenwalde – zur Geschichte einer Industriestadt« gibt einen stadtgeschichtlichen Überblick, mit besonderer Beachtung der Tuch- und Hutmacherei im 19. und 20. Jahrhundert.

Museum Kloster Zinna
Am Kloster 6
14913 Kloster Zinna
✆ 0 33 72/26 10
Di–So 10–17 Uhr
Seit 1956 ist in der Neuen Abtei eine Ausstellung zur Klostergeschichte und der 1764 auf Anordnung Friedrichs II. geschaffenen Webersiedlung in Zinna zu sehen.

Kreismuseum Jüterbog
Abtshof
✆ 0 33 72/95 31
Regionalmuseum des Niederen Fläming, Planeberg 9
✆ 0 33 72/40 15 31
13–17 Uhr (Oktober bis April bis 16 Uhr), Mo und Fr geschlossen

Heimatmuseum Dahme
Töpferstraße 16, 15936 Dahme,
✆ 03 54 51/9 81 35
Mo, Mi, Do 8–12 und 13–16 Uhr
Di bis 18 Uhr
Der umfangreichen heimatkundlichen Sammlung in den Sälen und Zimmern des barocken Bürgerhauses am zentralen Töpfermarkt ist eine eifrige Sammeltätigkeit seit Gründung des Museums im Jahre 1905 anzusehen.

Museumsdorf Glashütte
✆ 0 33 77/25 67
Di–Sa 13–18 Uhr, So 10–18 Uhr
Museum zur Geschichte der Glasherstellung in einer alten Schleiferei

Kreismuseum Luckau
Lange Straße 71
✆ 0 35 44/22 39
Di 9–12 und 14–18 Uhr
Mi–Fr 9–12 und 14–16 Uhr
So 11–16 Uhr

Heimatstube Sperenberg
Hauptstraße 2
✆ 03 37 03/73 44
Mo 13–16 Uhr
Di und Do bis 18 Uhr
Fr 10–12 und 13–16 Uhr

Wiepersdorf
Museum im Schloß Wiepersdorf
✆ 03 37 46/69 90
Sa/So 14–16.30 Uhr und auf Voranmeldung

◆ RESTAURANTS

Luckenwalde und Umgebung

Beelitzer Hof
Beelitzer Straße 2
14943 Luckenwalde
✆ 0 33 71/61 00 87
So–Fr 11–14 und 18–22 Uhr
Auch regionale Fischgerichte und Vegetarisches

Zum Eichenkranz
Unter den Eichen 1
14943 Kolzenburg
✆ 0 33 71/61 07 29
In Inhalt und Form der gastronomische Renner der Gegend, gepflegte märkische Küche in einem Traditionsgasthof

Kloster Zinna
Alte Försterei Zinna
Markt 7, ✆ 0 33 72/46 50
ab 12 Uhr
Bestes Haus weit und breit. Für den feineren Gast die »Friedrichs Stuben«, den deftigeren Geschmack die Schankstube »12 Mönche«

Jüterbog
Schmied zu Jüterbog
Markt 12, ✆ 0 33 72/40 45 80
11–23 Uhr
Spezialitäten: Geschmurgeltes aus dem Tiegel und Klemmkuchen
Kleine Försterei
Am Markt 7/8
✆ 0 33 72/40 49 33
Kaffeehaus und Weinkontor
Zum Goldenen Stern
Markt 14, ✆ 0 33 72/40 45 80
So–Do ab 11 Uhr, Fr ab 16 Uhr
Regionale und vegetarische Gerichte im Angebot

Dahme
Klostergewölbe
Am Kloster 3
✆ 03 54 51/4 27
Di–Fr 11.30–14.30 und 17.30–22 Uhr, Sa/So durchgehend
Im ehemaligen Wirtschaftsgebäude des Karmeliterklosters. Der Chef des Hauses steht selbst am Herd. Tip: Hinter dem »Geheimnis des Klostergewölbes« steht ein Schweinefilet, in einer Kräuter-Semmelkruste gebacken, und als Nachspeise der Fläminger Klemmkuchen
Freeses Waldrestaurant
Herzberger Chaussee
✆ 0 35 41/5 34
Do–Di 11–23 Uhr
Gute regionale Küche

Baruth und Umgebung
Landgasthof Lindenhof
Rudolf-Breitscheid-Straße 45
✆ 03 37 04/4 04
11–24 Uhr
Spruchs Alter Landgasthof
Dorfstraße 1, 15837 Dornswalde
✆ 03 37 04/3 53
Di–So 11–23 Uhr
Waldschlößchen
15837 Klasdorf
An der B 96/B 115
✆ 01 72 31 00 68 87
ab 11 Uhr

Luckau
Schloßberg
Nordpromenade 20
✆ 0 35 44/63 07
11–14 und 17.30–23 Uhr

◆ UNTERKÜNFTE

Luckenwalde
Zum Goldenen Stern
Markt 14, ✆ 0 33 71/40 14 76, Kleines Haus in ganz zentraler Lage
Luckenwalder Hof
Dahmer Straße 34
✆ 0 33 71/61 01 45
Märkischer Hof
Poststraße 8, ✆ 03 371/60 40, DZ ab 140 DM
Neubau mit sachlichem Business-Ambiente, DZ 159 DM
Pension Waldblick
Brandweg 12, ✆ 0 33 71/61 51 35, Am waldigen Rand der Stadt DZ ab 160 DM

Kloster Zinna
Romantik Hotel Alte Försterei
Markt 7, ✆ 0 33 72/46 50
Das Wohnen im über 200 Jahre alten Baudenkmal kostet im DZ 191 DM

Klostereck
Klosterstraße 10
✆ 0 33 72/29 64
Direkt neben dem Kloster
DZ 66 bis 120 DM

Jüterbog
Hotel am Schloßpark
Schloßstraße 87
✆ 0 33 72/46 60 Neues, den historischen Bauten angepaßtes Hotel am Schloßpark, innen modern und komfortabel
DZ 190 DM inklusive Sauna
Hotel Zum Goldenen Stern
Markt 14, ✆ 0 33 72/40 14 76
Im Ortszentrum, DZ ab 118 DM
Parkhotel Jüterbog
Zinnaer Vorstadt 48
✆ 0 33 72/40 17 76
Am Ortsrand, DZ ab 120 DM
Märkischer Landgasthof
Dorfstraße 26, Riesdorf
✆ 03 37 46/7 23 69
Im alten Holzbackofen wird das Brot noch selber gebacken. Hier gibt es sehr preiswerte Zimmer.
DZ ab 60 DM

Baruth und Umgebung
Pension
Ph.-Müller-Straße 72
✆ 03 37 04/2 95
DZ 129 DM
Gasthaus Zum kühlen Grunde
Dorfstraße 7, 14931 Ließen
✆ 03 37 45/5 02 22
Auch das Restaurant ist nicht übel, 30 DM pro Person
Kreativbude
Schulstraße 3, 14913 Wahlsdorf
✆ 03 37 45/2 96
Kinderfreundlich schon wegen des umfassenden Bastelangebotes, auch Aufstellmöglichkeiten für Zelt und Caravan, pro Person 24 DM

Wiepersdorf
Künstlerhaus Wiepersdorf
14913 Wiepersdorf
✆ 03 37 46/69 90
DZ ab 150 DM

Campingplatz
Dahme
Am Körbaer Teich
Hauptstraße 48–49
✆ 03 54 51/9 81 33
Nördlich von Baruth in Zesch am See
✆ 03 37 04/2 89

BEESKOW – FÜRSTENWALDE – BAD SAAROW-PIESKOW UND DER SCHARMÜTZELSEE

◆ AUSKUNFT

Märkische Tourismuszentrale Beeskow
15848 Beeskow
Bahnhofstraße 24
✆ 0 33 66/2 29 49
Fürstenwalde
CTA Kulturverein Nord e.V., Trebuser Straße 56, 15517 Fürstenwalde
✆ 0 33 61/58 98 22
Tourismusbüro Bad Saarow-Pieskow
15524 Bad Saarow-Pieskow, Seestraße 5a
✆ 03 36 31/21 42

◆ FREIZEIT

Bootsverleih
Beeskow, Familienzentrum Gartenstraße
✆ 0 33 66/2 63 26

Bad Saarow, Cecilienpark
Wendisch Rietz, am Strand
✆ 03 37 67/2 68

Golf
Bad Saarow, Sporting Club Berlin, Clubhaus 1, Parkallee 3
✆ 03 36 31/52 68
18-Loch-Platz, Driving Ranch, Kagami-Golfschule

Tennis
Bad Saarow, Sporting Club Berlin, Am Golfplatz 1
✆ 03 36 31/52 28

Schiffsfahrten
Schwielowsee, Jessen
✆ 03 54 78/7 46
Bad Saarow, Scharmützelsee Schiffahrtsgesellschaft, Seestraße 40
✆ 03 36 31/24 19

Schwimmen
Strandbäder sind in Bad Saarow, Seestraße und Storkow Reichenwalder Straße

Kutsch- und Kremserfahrten
Bad Saarow-Pieskow
Reichenwalder Straße 9
✆ 03 36 31/23 60

◆ MUSEEN

Burg Beeskow
Frankfurter Straße 23
✆ 0 33 66/2 05 79
Di–Fr 10–16 Uhr
Sa/So 13–16 Uhr
ab 1.Mai bis Oktober
Regionalgeschichte und Sonderausstellung zur Kultur- und Sozialgeschichte, außerdem: Bildende Kunst der DDR »Und der Zukunft zugewandt«

Bad Saarow-Pieskow
Maxim-Gorki-Haus
Ulmenstraße 20
✆ 03 36 31/27 83
Di 9–12 und 14–18 Uhr
Mi–Fr 9–12 und 14–16 Uhr
So 11–16 Uhr
Das 1931 im russischen Stil erbaute Holzhaus beherbergt seit 1972 die Gedenkstätte für den russischen Dichter Maxim Gorki. Darüber hinaus werden aber auch viele andere Prominente – von Fontane bis Max Schmeling – in ihren Beziehungen zu dem Ort vorgestellt.

Heimatmuseum Fürstenwalde
Domstraße 1, ✆ 0 33 61/21 30
Di–Fr 9–12 und 13–16 Uhr
Sa 13–17 Uhr, So 9–12 und 13–16 Uhr

◆ RESTAURANTS

Beeskow

Gasthaus an der Spreebrücke
Uferstraße 18
✆ 0 33 66/2 14 18
Für Fischesser

Bad Saarow-Pieskow

Café Dorsch
Humboldt-Straße 16
✆ 03 36 31/24 04
Lachs, Kaviar und ein herrlicher Seeblick

Café Fries
Alte Eichen 15, Bad Saarow Dorf
✆ 03 36 31/53 54

Landhaus Bott
im Golfclubhaus des Sporting Club Berlin, Friedrich-Engels-Damm 300, ✆ 03 36 31/52 68
ab 10 Uhr

SeeStern
Silberberger Straße 2
✆ 03 36 31/22 57, ab 10 Uhr

Am Werl
Silberberger Straße 51
∅ 03 36 31/52 31
9–23 Uhr, einer der Sieger im Wettbewerb »Brandenburger Landgasthof«, von der Jury empfohlen: Jägerteller mit Wild, Waldpilzen und Preiselbeerbirne

Storkow

Matador
Reichenwalder Straße
∅ 03 36 78/21 79
Steakhaus am Strandbad

Köllnitzer Fischerstuben
Hauptstraße 19
15859 Groß Schauen
südlich von Storkow
∅ 03 36 78/7 10 84, 11–21 Uhr
Das Gasthaus auf dem historischen Fischereihof ist ein Geheimtip für Fisch-Gourmets. Fast jeder Fisch kommt frisch aus dem Groß Schauener See. Tip: Hecht Theo, nach altem Rezept mit knusprigem Rauchspeck serviert. Lecker ist auch der Fisch aus der hauseigenen Räucherei.

◆ UNTERKÜNFTE

Beeskow

Zum Schwan
Berliner Straße 31
∅ 0 33 66/2 03 98
Direkt am Markt, das älteste Gasthaus von Beeskow, DZ ab 120 DM

Zur Birke
Dorfstraße 25
15848 Beeskow-Neuendorf
∅ 0 33 66/2 24 86, DZ ab 70 DM

Märkischer Dorfkrug
15848 Ragow, östlich von Beeskow, ∅ 0 33 66/2 68 76
Sauna, DZ etwa 80 DM

Fürstenwalde und Umgebung

Hotel Seegarten
Uferstraße 9a
∅ 0 33 62/64 21
20 km vor Fürstenwalde
DZ ab 130 DM

Pension Fritzemeier
Drosselweg 8
15526 Alt-Golm
4 Kilometer südöstlich von Fürstenwalde, ∅ 03 36 31/52 44
Beliebtes Ziel für Reiter und Reitwanderer, Ferienwohnungen ab 100 DM

Bad Saarow-Pieskow und Umgebung

Pension Am Werl
Silberberger Straße 51
∅ 03 36 31/52 31, ein Haus am See mit Sauna, Liegewiese, Restaurant und Wintergarten-Café, DZ ab 140 DM

Palais am See
Karl-Marx-Damm 23
Bad Saarow
∅ 03 36 31/86 10
Alle Zimmer zur Seeseite
DZ ab 220 DM

Theresienhof
Diensdorfer Straße
∅ 03 36 31/21 09, in einer Parkanlage am Ufer des Scharmützelsees, Restaurant mit märkischen Fisch- und Wildgerichten, DZ ab 86 DM

Pension Henkel
Hauptstraße 27, 15864 Diensdorf, ∅ 03 36 77/59 58
DZ 130 DM

Wendisch-Rietz

Seehotel Waldfrieden
Am See, ∅ 03 36 79/60 90, stille Lage am See mit eigenem Strand und Bootsanleger
DZ ab 140 DM

Campingplätze
Bad Saarow, »Am Westufer des Scharmützelsees«
∅ 03 36 31/26 98
Wendisch-Rietz
»Schwarzhorn« am Scharmützelsee, ∅ 033679/401

Storkow
Hotel Karlslust
Karlsluster Straße 3
∅ 03 36 78/29 05
Campingplatz
am Storkower See, Dahmsdorf
∅ 03 36 79/2 25

SCHLAUBETAL – NEUZELLE – EISENHÜTTENSTADT

◆ AUSKUNFT

Schlaubetal-Information
Kietz 5, 15299 Müllrose
∅ 03 36 06/6 67
Vermittelt auch Ferienwohnungen und Bungalows unter Birken am Müllroser See
Tourismus-Information Neuzelle
Stiftsplatz 7, 15898 Neuzelle
∅ 03 36 52/61 03
Fremdenverkehrsbüro Eisenhüttenstadt
Beeskower Straße 114
15890 Eisenhüttenstadt
∅ 0 33 64/41 36 90

◆ FREIZEIT

Friedrich-Wolf-Theater
Eisenhüttenstadt
Lindenallee 23
∅ 0 33 64/4 39 25, Kasse 4 34 71
Fahrradverleih
Neuzelle, bei der Tourismusinformation und Phönix-Fahrradladen
Kirchstraße 12
∅ 03 36 52/62 11

◆ MUSEEN

Heimatmuseum Müllrose
im Haus des Gastes
Kietz 5
∅ 03 36 06/49 67
Di–Sa 9–12 Uhr, So 10–12 Uhr, Di und Do 14–17 Uhr, Mi und So 14–16 Uhr
Themen sind die Stadt Müllrose und das Schlaubetal.
Klosterkirche Neuzelle
Mo, Di, Do 11–11.30 und 15–15.30 Uhr, Mi und Fr 11–11.30 und 14.30–15.30 Uhr, Sa 11–12 und 14.30–15.30 Uhr, So 10.30–12, 13–13.30 und 14.30–15.30 Uhr
Kreuzkirche Neuzelle
täglich 10.30–11 und 13.30–14 Uhr
Kreuzgang
Mo–Fr 10–12 und 12.30–16 Uhr, Sa/So 12–15.30 Uhr
Klosterbrauerei Neuzelle
Die über 400 Jahre alte und letzte noch produzierende Klosterbrauerei Brandenburgs kann nach Voranmeldung unter ∅ 03 36 52/81 00 besichtigt werden (inklusive Verkostung)
Städtisches Museum Eisenhüttenstadt
Löwenstraße 4
∅ 0 33 64/21 46
Das Stammhaus des Museums ist in einem Reederhaus (1906) im alten Stadtteil Fürstenberg untergebracht.

◆ RESTAURANTS

Schlaubetal

Am Kanal
Frankfurter Straße 70
Müllrose
✆ 03 36 06/7 01 00
10–23 Uhr, ein ländlich-gemütlicher Gasthof mit Hausmannskost wie Bauernfrühstück und Kohlroulade. Am Wochenende gibt es selbstgebackenen Kuchen.

Restaurant Sizilia
Markt 3, Müllrose
✆ 03 36 06/45 50
11–24 Uhr

Märkischer Hof
15868 Groß Muckrow
✆ 03 36 73/6 09, regionale Gerichte wie Schlaube-Lachs

Gasthaus Zum Schlaubetal
Kupferhammerstraße 3
15890 Schernsdorf
✆ 03 36 06/5 34, ab 11 Uhr
Außerhalb der Saison
Do geschlossen
Spezialität Wild- und Heidschnuckengerichte

Bremsdorfer Mühle
15890 Bremsdorf
✆ 03 36 54/2 32
11–21 Uhr, Mi geschlossen
Frische Forellen aus der Fischzucht von nebenan

Forellenhof Fünfeichen
Mühle 1
15890 Fünfeichen
✆ 03 36 54/3 19
ab 11 Uhr, im Angelpark kann man ab 7 Uhr seine Forellen, Karpfen oder Welse selber angeln.

Neuzelle

Hotel Prinz Albrecht
Frankfurter Straße 34
✆ 03 36 52/8 13 22

Eisenhüttenstadt

Hotel Fürstenberg
Gubener Straße 12
✆ 0 33 64/7 54 40
7–24 Uhr, deftige Küche (Fürstenberger Schweinshaxe) in eleganter Umgebung

◆ UNTERKÜNFTE

Schlaubetal

Pension Am See
Am Ostufer 1, 15299 Müllrose
✆ 03 36 06/3 04
Mit Badestrand
Ferienwohnungen ab 90 DM
Bungalows für 4 Personen ab 80 DM, DZ ab 60 DM

Am Kanal
Frankfurter Straße 70
15299 Müllrose
✆ 03 36 06/7 01 00
DZ ab 110 DM

Zur Sonne
Frankfurter Straße 39
15299 Müllrose
✆ 03 36 06/87 80, zentral gelegen und Zugang zum Kleinen Müllroser See
DZ 160 DM

Märkischer Hof
15868 Groß Muckrow
✆ 03 36 73/6 09
DZ 68 DM

Ferienhaussiedlung am Chossewitzer See
15848 Chossewitz
✆ 03 36 73/57 55
Ab 47 DM pro Haus und Tag

Seeschloß Chossewitz
15848 Chossewitz
✆ 03 36 73/3 28
Auf einer Halbinsel, Restaurant mit regionaler Wild- und Fischküche, Mo–Fr ab 16 Uhr, Sa/So ab 11.30 Uhr
DZ ab 120 DM

Waldidyll Klingemühle
15848 Chossewitz
✆ 03 36 73/6 00, wirbt mit Mühlenbrot aus dem Feldbackofen, einem Wochenendgeiger, Feuerzangenbowle am Kamin und dem Hausesel Florian
DZ ab 125 DM

Forsthaus Schierenberg
15890 Fünfeichen
✆ 03 36 54/72 07, DZ ab 120 DM

Forsthaus Dammendorf
Waldweg, 15299 Dammendorf
✆ 03 36 55/2 13
Natürlich im Wald, Boots- und Fahrradverleih, DZ ab 90 DM

Forsthaus Siehdichum
15890 Schernsdorf
✆ 03 36 55/2 10, idyllische Lage
DZ 120 DM

Waldsee-Hotel am Wirchensee
15898 Treppeln, ✆ 03 36 73/6 60
Mit eigener Badestelle
Sauna, Boots- und Fahrradverleih, DZ ab 130 DM

Jugendherbergen
Jugendwaldheim Müllrose, Hohenwalder Weg 23
✆ 03 36 06/6 35
Chossewitz, ✆ 03 36 73/57 57;
Bremsdorf, ✆ 03 36 54/2 72

Campingplätze
Am Großen Müllroser See
✆ 03 36 06/6 71
Am Großen Treppelsee, Bremsdorf ✆ 03 36 54/2 62 (Jugendzeltplatz)
Am Schervensee, Schernsdorf
✆ 03 36 55/7 46

Neuzelle

Hotel Prinz Albrecht
Frankfurter Straße 34
✆ 03 36 52/8 13 22
Am Klostersee, DZ 124 DM

Kummerower Hof
Kummerowerstraße 41
✆ 03 36 52/81 10
Blockhäuser für 4 Personen
100 DM pro Tag, DZ 80 DM

Eisenhüttenstadt und Umgebung

Hotel Fürstenberg
Gubener Straße 12
✆ 0 33 64/7 54 40, angenehme familiäre Atmosphäre in gepflegter Umgebung, DZ ab 130 DM

Pension Waldblick
Thälmannstraße 25c
15295 Groß-Lindow
10 Kilometer nordwestlich von Eisenhüttenstadt
✆ 03 36 09/7 02, mit Schwimmbad und Sauna, DZ ab 90 DM

Pension Kastanienhof
Dorfstraße 16, 15295 Wiesenau
8 Kilometer nördlich von Eisenhüttenstadt
✆ 03 36 09/3 69 59
DZ ab 90 DM

SPREEWALD

◆ AUSKUNFT

Fremdenverkehrsverein Oberspreewald Nord e.V.
Brunnenplatz 11
15913 Neu Zauche
✆ 03 54 75/4 68

Fremdenverkehrsverein »Amt Unterspreewald«
Hauptstraße 49
15910 Schönwalde
✆ 03 54 74/4 05

Fremdenverkehrsverband Lübben/Spreewald und Umgebung e.V.
Lindenstraße 14
15907 Lübben, ✆ 0 35 46/30 90

Informationszentrum Biosphärenreservat Spreewald
Schulstraße 9, 03222 Lübbenau
✆ 0 35 42/8 92 10, ganzjährig Mo–Fr 9–16 Uhr, Sa/So April bis Oktober 9–16 Uhr, vermittelt allgemeine und thematische Führungen durch das Gebiet

Fremdenverkehrsverein Lübbenau und Umgebung e.V.
Ehm-Welk-Straße 15
03222 Lübbenau
✆ 0 35 42/4 67 70

Fremdenverkehrsamt Burg
Am Hafen 1, 039096 Burg
✆ 03 56 03/4 17

Natur- und Heimatverein Schlepzig
Dorfstraße 26, 15910 Schlepzig
✆ 03 54 72/2 25

◆ FREIZEIT

Am schönsten erlebt man den Spreewald natürlich vom Wasser aus. Die klassische Spreewaldtour führt von den *Kahnhäfen in Lübben oder Lübbenau.* So kann man sich mit vielen Leuten in großen Kähnen vergnügen oder für ca. 35 DM die Stunde in kleinen Gruppen auf kleinen Kähnen in den kleinen Seitenarmen der Spree träumen. Info: Andrea Kullowatz, Naundorfer Straße 8, Burg, ✆ 03 56 03/8 92.

Standardrundfahrten mit Fährfrau in Spreewaldtracht bei Tag und bei Nacht, je nach Tour zwischen 3 und 9 Stunden, vermittelt die Genossenschaft der Kahnfährleute in *Lübbenau,* ✆ 0 35 42/22 25, Fax 3640.

Individuelle Familienfahrten von der Abfahrtsstelle Kleiner Hafen ermöglicht u. a. Ulrich Schröter in Lübbenau, ✆ 0 35 42/27 10.

Ganzjährige Kahnfahrten für Naturliebhaber bietet der Bootsbauer Lubkoll, Gerbergasse 2, ✆ 23 18.

Weitere Adressen:
Lübbenau, Dammstraße 36
✆ 35 60
Straße des Friedens 29, ✆ 4 29 58

In *Lübben* stechen Boote des 1913 gegründeten Fährmannsvereins täglich um 9 Uhr von der Gaststätte Strandcafé in die Spree ✆ 0 35 46/71 22; weitere Abfahrtsstellen sind am Kahnfährhafen »Flottes Rudel«, ✆ 35 45, und an der »Berste«, ✆ 37 91

Schlepzig, Dorfstraße 87
✆ 03 54 72/4 51

Alt-Zauche, Fahrten durch den »Hochwald«, Hauptstraße 18, ✆ 0 35 46/26 06
Siedlungsstraße 10, ✆ 26 45 und Siedlungsstraße 13, ✆ 76 98 (kleine Auswahl)

Burg, Schwarze Ecke 1
✆ 03 56 03/6 12 90 und vom Hafen II, ✆ 5 36

Bootsverleih

Manche lassen sich lieber allein oder zu zweit im Paddelboot über die Wasser treiben.

Bootsverleih in Lübbenau:
Am Wasser 1, ✆ 0 35 42/36 47
Dammstraße 72, ✆ 27 22
Am Campingplatz Schloßpark, ✆ 36 20
Kaupen 1, ✆ 27 50
Lehde, An der Giglitza 3
✆ 36 20

Lübben: Canadier, Kajaks und Ruderboote in der Lindenstraße, gegenüber dem Strandcafé
Von April bis Oktober täglich ab 9 Uhr, ✆ 0 35 46/71 94

Burg, Willischazaweg 42
✆ 03 56 03/8 67

Reiten und Kutschfahrten
Pferdehof in Klein-Klessow, Dorfstraße 7
✆ 0 35 42/29 14
Burg, 1. Koloniestraße 24
✆ 03 56 03/4 04 und
Ringchaussee 62, ✆ 5 51

Wandern
Wander- und Reiseleiter kann man sich über die Wandersportgemeinschaft Spreewald 69 e.V. in Lübbenau, Straße des Friedens, ✆ 0 35 42/4 60 88 bestellen.

Fahrradverleih
03222 Lübbenau, Poststraße 16
✆ 0 35 42/34 44, täglich von 9-13 und 14–18 Uhr
Lübben
An der Spreewaldbahn 6
✆ 0 35 46/40 63
Burg, Zweiradhaus
Bahnhofstraße 17
✆ 03 56 03/3 76

◆ MUSEEN

Spreewaldmuseum
03222 Lübbenau, Schloßbezirk,
✆ 0 35 42/24 72
April bis September Mo–So 10–18 Uhr, September bis Oktober 10–17 Uhr
Seit 1950 wird in der ehemaligen Lynarschen Gerichtskanzlei über die Entwicklungsgeschichte des Spreewaldes von der steinzeitlichen Besiedlung bis in die Gegenwart informiert.

Freilandmuseum Lübbenau/Lehde
✆ 0 35 42/24 72
April bis Mitte September Mo–So 10–18 Uhr, September bis Oktober 10–17 Uhr
Das etwa 1,5 Kilometer von Lübben entfernte Freilichtmuseum im Dörfchen Lehde ist nur auf dem Wasserweg zu erreichen. Drei Gehöfte in traditioneller Bauweise geben Auskunft über Kultur und Lebensweise im Spreewald.

Heimatmuseum Dissen
03096 Dissen, ✆ 03 56 06/2 56
Di–Do 9–12 und 13–16 Uhr, Ostern bis Oktober Sa/So 14–17 Uhr
Führungen nach telefonischer Absprache sind auch außerhalb der Öffnungszeiten möglich. In einem 1899 erbauten Schulhaus ist in den je 60 Quadratmeter großen Klassenräumen eine Ausstellung zur Geschichte des Dorfes und zur Wirkungsgeschichte Bogumil Swjelas, dem Gründungsmitglied der Domowina, der Dachorganisation der sorbischen Vereine, untergebracht.

Agrarhistorisches Museum Schlepzig
Dorfstraße 26
15910 Schlepzig
✆ 03 54 72/2 25
April bis Oktober
Di–Fr 9–17 Uhr, Sa 10–17 Uhr, So und Feiertag 10–16 Uhr, November bis März wochentags 7–15.30 Uhr
Es lohnt, die Kahnfahrt an dem 1818 erbauten Dorfschulzengehöft zu unterbrechen, das seit 1960 unter Denkmalschutz gestellt und seit 1985 Museum ist.

Schloßturm Lübben
Ernst-von-Houwald-Damm 14
✆ 0 35 46/41 31
Di–So 10–17 Uhr können die Galerie im Turm und der Wappensaal besichtigt werden, Schloßbesichtigung nur nach Anmeldung.

Hüttenmuseum Peitz
Am Hüttenwerk 1, 03185 Peitz, am Ostrand des Spreewaldes
✆ 03 56 01/38 14
April bis Oktober Mi–Fr 10–17 Uhr, Sa/So 11–17 Uhr

Spintestube in Neu Zauche
Brunnenplatz 3, alte Spreewälder Arbeitsweisen an originalen Geräten wie Spinnrad und Leinwebstuhl. Alles kann selber ausprobiert werden, auch die sorbische Wachsmalerei, Federn schleißen, buttern im Butterfaß. Einige Spreewaldprodukte werden auch zum Kauf angeboten. Täglich geöffnet

◆ RESTAURANTS

Lübbenau

Zum Nußbaum
Dammstraße 76, ✆ 0 35 42/28 21
8–24 Uhr, direkt am Restaurant gibt es eine Anlegestelle. Von hier aus werden auch Kahnfahrten gestartet.

Lehde

Café Venedig
An der Lischka 1, ✆ 0 35 42/23 63
Gut besuchtes Restaurant mit Spreewalder Fisch-, Wild- und Kaffeespezialitäten

Gasthaus zum Hirschwinkel
An der Dolzke 6, ✆ 0 35 42/34 55
11–20 Uhr, mit großem Sommergarten

Gasthaus Oppott
An der Quodda 1
✆ 0 35 42/28 44
11–22 Uhr, einer der Sieger im Wettbewerb 1996 »Brandenburger Landgasthof«.
Tip: Spreewälder Fischplatte, vorzugsweise werden Produkte aus der Gegend verwendet

Lübben und Umgebung

Kaffee Schultze
Bergstraße 3, Lübben
✆ 0 35 46/34 14, eines der ältesten Gasthäuser Lübbens, im Park, nur wenige Minuten vom Stadtzentrum entfernt

Steinkirchener Hof
Cottbuser Straße 16, Lübben
✆ 0 35 46/82 21, ab 11 Uhr

Historischer Weinkeller
E.-v.-Houwald-Damm 14
✆ 0 35 46/40 78
ab 18 Uhr, So 12–18 Uhr
Im Kellergewölbe des Schloßturms von Lübben werden zu leckeren Gerichten stilvoll Silberbesteck und handgewebte Servietten gereicht.

Grotte
Hauptstraße 12b
✆ 0 35 46/18 24 97, Mo bis Sa 12–01 Uhr; jedes Wochenende ab 21 Uhr Disco

Zur Linde
Dorfstraße 57, 15913 Wußwerk
✆ 0 35 42/3 94, 9–23 Uhr

Terrassencafé am See
15913 Groß Leuthen
✆ 03 54 71/7 49
Di–Do 12–24 Uhr

Kranichgrund
Hauptstraße 49a, 15913 Butzen
✆ 03 54 75/2 03, ab 17 Uhr

Schlepzig

Landgasthof Zum Grünen Strand der Spree
Maxim-Gorki-Straße 77
Unterspreewald, ✆ 0 35 42/24 23 10–19 Uhr. Schon längst kein Geheimtip mehr, drängeln sich auf dem Parkplatz dann auch etliche Autos mit Berliner Nummern. Auch wenn die Spree mehr am Parkplatz als am Wiesengrund plätschert, der

Gastraum ist gemütlich; die Soße aus dunklem Bier zu Zander und Wels vorzüglich, so wie auch die Erpelbrust auf Austernpilzen und zimtbestreuten Schnupfnudeln; der Blick vom Biergarten aus auf die weiten Spreeauen unvergeßlich.

Burg

Hotel zur Bleiche
Bleichestraße 16
✆ 03 56 03/6 02 90, eine der besten Küchen im ganzen Spreewald, Tip: Kräutersuppe mit Schafsquark und Rehrücken im Strudelteig mit Johannisbeerdressing-Sauce

Spreewaldbahnhof
Am Bahnhof 1, ✆ 03 56 03/8 42
Gasthaus und Pension mit Biergarten, Fahrradverleih und Kulturgeschichte per Video sowie einer ständigen Ausstellung in einem 1970 stillgelegten Spreewaldbahnhof

Zum Erlkönig
Burg Kauper, ✆ 03 56 03/3 87
Ab 11 Uhr

Deutsches Haus
Hauptstraße 2, ✆ 03 56 03/3 21

Leipe

Pohlenz-Schänke
Pohlenz-Weg, 03226 Leipe
✆ 03 56 03/2 98
Historisches Gasthaus am Rande des Hochwaldes, geöffnet von April bis Oktober

◆ UNTERKÜNFTE

Lübbenau und Umgebung

Pension am Stadtgraben
Bergstraße 9, ✆ 0 35 42/35 32
DZ 75 DM, unweit des Zentrums, doch ruhig gelegen

Spreewald-Idyll
Spreestraße 13, ✆ 0 35 42/22 51 Das Haus in fast 100jähriger Familientradition war bis 1972 eine Gurkeneinlegerei. Unweit des kleinen Fährhafens und des ältesten Wanderweges des Spreewaldes bietet es mit großem Biergarten auch ausreichend Geselligkeit, DZ ab 120 DM

Pension Meyer
Ehm-Welk-Straße 8
✆ 0 35 42/4 12 29

Pension und Restaurant Ebusch
Topfmarkt 4, ✆ 0 35 42/36 70
Mitten im Stadtzentrum, der Wirt stakt seine Gäste persönlich durch den Spreewald, derweil die Wirtin am Herd vorzüglichen Hecht in Spreewaldsoße kocht.

Campingplatz
Am Schloßpark, Lübbenau, Direkt am Hauptfließ
✆ 0 35 42/35 33
Für Caravan, Dammstraße
✆ 0 35 42/76 76 und
Max-Plessner-Straße 9
✆ 8 31 00

Lehde

Hirschwinkel
An der Dolzke 6
✆ 0 35 42/34 55
Ein Blockhaus auf der Insel
DZ ab 120 DM

Quappenschänke
An der Dolzke 4
✆ 0 35 42/4 14 17
DZ ab 120 DM

Lübben und Umgebung

Spreewaldhotel Stephanshof
Lehnigksberger Weg 1
✆ 0 35 46/27 21
Hauseigene Kahnanlegestelle
Fahrradverleih, DZ 160 DM

Pension Kaffee Schultze
Bergstraße 3a, ✆ 0 35 46/34 14
DZ ab 120 DM
Spreewaldpension Winzer
Straupitz
Lübbener Straße 28
✆ 03 54 75/5 32, DZ ab 60 DM
Hier kann man reiten, kegeln und angeln.

Jugendherberge
Zum Wendenfürst 8, Lübben
✆ 0 35 46/30 46

Campingplatz
Am Burglehn, Lübben
✆ 0 35 46/18 18 15, in den Wiesen der Spree

Leipe
Spreewaldhotel Leipe
Dorfstraße 20, ✆ 0 35 42/22 34
am Wasser gelegen
DZ ab 100 DM
Gasthof Dubkow-Mühle
✆ 0 35 42/22 97, einsam im Wald am schmalen Fließ
DZ ab 120 DM

Naundorf
Pension und Gasthaus Storchennest
Dorfstraße 10
✆ 03 54 33/25 25
Sehr ruhig gelegen, DZ 120 DM

Calau
Hotel zur Post
Cottbuser Straße 30
03205 Calau, ✆ 0 35 41/23 65
DZ ab 100 DM

Burg
Zur Bleiche
Bleichestraße 16
✆ 03 56 03/6 20, die beste Adresse in dieser Region
DZ 192 DM

Waldhotel Eiche
✆ 03 56 03/6 43
Schon in fünfter Generation bewirtschaftet die Familie Roschke das Anwesen, das schon Friedrich II. und Fontane besucht haben sollen. Der heutige Bau stammt aus dem Jahr 1904. Annehmlichkeiten wie Dampfbad, Sauna und Kahnfahrten vom hoteleigenen Hafen aus werden noch durch die Qualität des Restaurants ergänzt.
Das Wild wurde vom Wirt im eigenen Jagdrevier erlegt.
DZ ab 180 DM, Sauna und Dampfbad inklusive
Landhotel Burg im Spreewald
Ringchaussee 195
✆ 03 56 03/6 46
Mit Kneipe, Sauna, Dampfbad und Zoo, DZ ab 145 DM
Seehotel Burg im Spreewald
Willischzaweg
✆ 03 56 03/6 50
DZ ab 120 DM
Pension Willischza
Willischzaweg 54
✆ 03 56 03/4 44
Gemütliche kleine Pension
DZ 110 DM
Jugendherberge
Jugendherbergsweg 8
✆ 03 56 03/6 32 35
Schullandheim
Byhleguher Straße 1
✆ 03 56 03/2 68

Schlepzig
Landgasthaus Zum Grünen Strand der Spree
Dorfstraße 53, ✆ 03 54 72/2 02, Der oben schon beschriebenen vorzüglichen Gastronomie dieses Hauses steht das Hotel mit geschmackvoll eingerichteten Zimmern in nichts nach.

Hotel Müggenburg
Kuschkowerstraße 31
✆ 03 54 72/66 00, mit Kahnanlegestelle, DZ 120 DM

Krausnick

Landhotel Krausnick
Dorfstraße 94, Krausnick
Unterspreewald, Sauna
DZ ab 120 DM

COTTBUS – BRANITZ

◆ AUSKUNFT

Fremdenverkehrsbüro
Karl-Marx-Straße 68
✆ 0 30 44/2 42 54

◆ FREIZEIT

Staatstheater Cottbus
Großes Haus, Schillerplatz 1
✆ 03 55/7 82 41 40
Abendkasse 79 50 00

Kammerbühne
Wilhelm-Külz-Straße 11
✆ 03 55/7 82 41 43

Theaterscheune
Ströbitzer Hauptstraße 7
✆ 03 55/7 82 41 40

theatnernative C
Stadthalle Cottbus, Berliner Platz, ✆ 03 55/2 20 24

Kindertheater piccolo
Töpferturm, Klosterstraße
✆ 03 55/2 36 87

Puppenbühne Regenbogen
Priorstraße 2, ✆ 03 55/52 20 23

Tierpark
Kiekebuscher Straße 5
✆ 71 41 59, 8–17.30 Uhr
Im Winter 8.30–16 Uhr
Über 1000 Tiere
170 verschiedener Arten

Reiten
Reitschule Sielow, Ringstraße 4
✆ 03 55/82 10 65

Ballonfahren
Lausitzer Ballonfahrer-Team
Berliner Straße 9
✆ 03 55/72 38 60

Fahrradverleih
Bahnhofstraße 53
✆ 03 55/2 34 83
Am Telering 6, ✆ 54 26 17
Friedrich-Ebert-Straße 15
✆ 54 26 17

Bootsverleih und Fahrradverleih
Bootsanlegestelle Sandower Brücke, ✆ 03 55/71 33 04

Baden
Madlow, Ringstraße
✆ 03 55/52 21 73
Branitz (auch FKK)
✆ 03 55/71 22 89
Badesee Spröbitz,
Am Steinteich, ✆ 2 23 95
Freibad, Friedrich-Ludwig-Jahn-Schwimmstadion, Sielower Landstraße, ✆ 03 55/23 68 73

◆ MUSEEN

Fürst-Pückler-Museum
Schloß und Park Branitz
✆ 03 55/75 15 55
Besucherservice ✆ 7 51 50
oder 75 15 21
Oktober bis März Di–So
10–12 und 12.30–17 Uhr,
April bis September Di–So
10–12 und 12.30–18 Uhr

Stadtmuseum
Bahnhofstraße 52
✆ 03 55/70 10 73
Di–Fr 8.30–17 Uhr
Sa/So 14–18 Uhr

Die ständige Ausstellung beschäftigt sich mit der Stadtgeschichte, dem Lausitzer Glas und der Teppichfabrikation in Cottbus.

Sorbisches Museum
Mühlenstraße 12
✆ 03 55/79 49 30
Di–Fr 8.30–17 Uhr
Sa/So 14–18 Uhr
Einblick in anderthalb Jahrtausende Kultur und Geschichte der Slawen auf dem Gebiet des heutigen Deutschland

Museum der Natur und Umwelt
Bahnhofstraße 5
✆ 03 55/2 43 26
Di–Do 8–17 Uhr,
Fr 8.30–12.30 Uhr,
Sa 14–18 Uhr, So 10–18 Uhr, zur erdgeschichtlichen Entwicklung und Flora und Fauna der Niederlausitz

Spreewehrmühle
Am Großen Spreewehr 2
✆ 03 55/72 11 72
Mai bis 15. Oktober Mi und Fr 10–18 Uhr, Sa/So 14–18 Uhr, 1801 als Pfahlbaummühle errichtet, arbeitete sie als Gräupchen-, Hirse- und Getreidemühle. Die Ausstellung »Vom Korn zum Mehl« im ehemaligen Mühlenraum bietet Einblicke in die Geschichte der Mühle, des Mühlen- und Müllerhandwerks und in historische Wohn- und Lebensformen.

Niederlausitzer Apothekenmuseum
Altmarkt 24
✆ 03 55/2 39 97
Führungen Di–Fr 11 und 14 Uhr
Sa/So 14 und 15 Uhr und nach Vereinbarung.
Das Museum in der über 400 Jahre alten Löwenapotheke ist das einzige dieser Art im Land Brandenburg.

Brandenburgische Kunstsammlungen Cottbus
Museum für zeitgenössische Kunst, Fotografie, Plakat und Design, Spremberger Straße 1
✆ 03 55/7 94 50 51
Di–So 10–18 Uhr
Schwerpunkt ist die ostdeutsche Kunst der Gegenwart und jüngeren Vergangenheit. Besonders interessant sind auch die Exponate der Dauerleihgabe einer bedeutenden Privatsammlung konstruktivistischer Kunst und konstruktivistischen Designs von der klassischen Moderne bis zur Gegenwart.

Flugplatzmuseum
auf dem Heeresflugplatz
✆ 03 55/3 20 04
April bis September Di–Fr 10–17 Uhr, Sa 10–16 Uhr, Oktober bis März Di–Sa 10–16 Uhr, zur 80jährigen Geschichte der Cottbusser Flugplätze und der Luftfahrt in der Lausitz

◆ RESTAURANTS

Klosterkeller
Klosterplatz 5, ✆ 03 55/79 33 72, echte deutsche Küche, serviert von falschen Mönchen

Wiener Dörfchen
Uferstraße 9–10, ✆ 03 55/2 27 14
Mit Blick auf die Spree vom größten Wintergarten der Stadt aus. Wiener Küche, aber auch Urwüchsiges wie Spreewälder Kartoffeln mit Leinöl und Quark

Café Kilau
Drebkauerstraße 44
✆ 03 55/42 30 48, ab 11.30 Uhr
Jeden Sa Tanz

Roma
Marktstraße 7–8
✆ 03 55/79 53 67, Italiener

Olympia
Marktstraße 12
✆ 03 55/2 49 72, Grieche
Cavalierhaus
Am Schloß im Park Branitz
✆ 03 55/7 15 00
Statt feiner Schloßküche deftige Hausmannskost. Es gibt auch Fürst-Pückler-Pils und natürlich, wenn auch, wie fast überall, mehr schwächliche Adaption, das berühmte Pückler-Eis.

Szenekneipen
Café Gelb
Friedrich-Ebert-Straße 18
✆ 03 55/3 26 95
Café Zelig
Friedrich-Ebert-Straße 21
✆ 03 55/79 52 26
U-Boot
Neustädter Straße 10
✆ 03 55/2 00 18
Alte Weberei
Nordstraße 4
✆ 03 55/3 08 10
Di–So ab 19 Uhr, Sa/So Live-Music bis 04 Uhr
Im ausgebauten Fabrikgebäude
Pflaumenbaum
Schloßkirchplatz 1
✆ 03 55/2 56 63
Stehbierkneipe in der Fußgängerzone, jeden Abend Party
Bebel-Keller
August-Bebel-Straße 89
✆ 03 55/3 39 65
Mi–So 20–02 Uhr, Sa bis 4 Uhr
Fr/Sa Soul, Blues, Jazz live
Nachtschwärmer
Stadtpromenade 10
✆ 03 55/2 21 11
Ab 20 Uhr, Mo geschlossen. Der Pub ist zu den Livekonzerten am Fr ab 21.30 Uhr so gut besucht, daß man sich telefonisch Plätze sichern sollte.

Böhmischer Rasthof
Vetschauer Straße 73
✆ 03 56 04/3 85, ab 11 Uhr
Tip: Schweinegulasch mit hausgemachten Knödeln und Sauerkraut, dazu böhmisches Bier, hinterher Palatschinken
Graf Zeppelin
✆ 03 56 05/4 00 41, 03058 Neuhausen, 12 Kilometer Richtung Spremberg, Di ab 17 Uhr, Mi–Fr 11.30–14.30 und 17–24 Uhr, Sa/SO 11–24 Uhr
Breites Spektrum gutbürgerlicher Küche vom Schnitzel bis zu gebratenen Wachteln

◆ UNTERKÜNFTE

MARITIM Hotel
Vetschauer Straße 12
✆ 03 55/4 76 10
Eleganz gegenüber dem Cottbusser Bahnhof, mit Sauna und Schwimmbad, DZ ab 292 DM
Best Western Hotel Branitz
Heinrich-Zille-Straße 1–6
✆ 03 55/7 51 00
In der Nähe vom Branitzer Park, Sauna, DZ ab 155 DM
Holiday Inn
Berliner Platz, ✆ 03 55/36 60
DZ ab 240 DM
Holiday Inn Expreß Hotel
Berliner Straße, ✆ 03 55/35 60
DZ 145 DM
Sorat Hotel Cottbus
Schloßkirchplatz 2
✆ 03 55/7 84 40
Alle Zimmer haben Fax und PC-Anschluß, DZ ab 210 DM
Waldhotel
Drachhausener Straße 70
✆ 03 55/8 76 40
Stadthotel im Grünen Restaurant mit guter Wildküche
DZ 170 DM

Dorotheenhof
Waisenstraße 19
✆ 03 55/7 83 80
Behindertengerechte und Nichtraucherzimmer
DZ 195 DM

Pension Ahorn
Bautzener Straße
✆ 03 55/47 80 00
Ruhige Lage am Rande des Stadtzentrums, Nähe Bahnhof und Buga-Park
DZ ab 160 DM

Pension Germania
03058 Neuhausen, etwa 12 Kilometer südlich von Cottbus, Richtung Spremberg, unweit des großen Spremberger Stausees sind Haus und Gegend schon für einen Kurzurlaub geeignet.
DZ 105 DM

Jugendherberge
Klosterplatz 3
✆ 03 55/2 25 58

Register